MEMÓRIAS
minha história é uma poesia

Editora Appris Ltda.
1.ª Edição - Copyright© 2022.
Direitos de Edição Reservados à Editora Appris Ltda.

Nenhuma parte desta obra poderá ser utilizada indevidamente, sem estar de acordo com a Lei nº 9.610/98. Se incorreções forem encontradas, serão de exclusiva responsabilidade de seus organizadores. Foi realizado o Depósito Legal na Fundação Biblioteca Nacional, de acordo com as Leis nos 10.994, de 14/12/2004, e 12.192, de 14/01/2010.

Catalogação na Fonte
Elaborado por: Josefina A. S. Guedes
Bibliotecária CRB 9/870

S586m
2022
	Silva, Maria Aparecida da
	  Memórias: minha história é uma poesia / Maria Aparecida da Silva. - 1. ed. - Curitiba: Appris, 2022.
	  148 p.; 21 cm.
	
	  Inclui bibliografia
	  ISBN 978-65-250-2183-6
	
	  1. Memória autobiográfica. 2. Poesia brasileira. I. Título.
	
	                                                                  CDD – 808.06692

Livro de acordo com a normalização técnica da ABNT

Appris editora

Editora e Livraria Appris Ltda.
Av. Manoel Ribas, 2265 – Mercês
Curitiba/PR – CEP: 80810-002
Tel. (41) 3156 - 4731
www.editoraappris.com.br

Printed in Brazil
Impresso no Brasil

Maria Aparecida da Silva

MEMÓRIAS
minha história é uma poesia

Appris
editora

FICHA TÉCNICA

EDITORIAL	Augusto V. de A. Coelho
	Marli Caetano
	Sara C. de Andrade Coelho
COMITÊ EDITORIAL	Andréa Barbosa Gouveia (UFPR)
	Jacques de Lima Ferreira (UP)
	Marilda Aparecida Behrens (PUCPR)
	Ana El Achkar (UNIVERSO/RJ)
	Conrado Moreira Mendes (PUC-MG)
	Eliete Correia dos Santos (UEPB)
	Fabiano Santos (UERJ/IESP)
	Francinete Fernandes de Sousa (UEPB)
	Francisco Carlos Duarte (PUCPR)
	Francisco de Assis (Fiam-Faam, SP, Brasil)
	Juliana Reichert Assunção Tonelli (UEL)
	Maria Aparecida Barbosa (USP)
	Maria Helena Zamora (PUC-Rio)
	Maria Margarida de Andrade (Umack)
	Roque Ismael da Costa Güllich (UFFS)
	Toni Reis (UFPR)
	Valdomiro de Oliveira (UFPR)
	Valério Brusamolin (IFPR)
ASSESSORIA EDITORIAL	Cibele Bastos
REVISÃO	Luciana Nogueira Duarte
PRODUÇÃO EDITORIAL	Bruna Holmen
DIAGRAMAÇÃO	Bruno Nascimento
CAPA	Sheila Alves
COMUNICAÇÃO	Carlos Eduardo Pereira
	Karla Pipolo Olegário
LIVRARIAS E EVENTOS	Estevão Misael
GERÊNCIA DE FINANÇAS	Selma Maria Fernandes do Valle

Dedico este livro às minhas filhas e à minha neta:
Silvelâne, Saniele e Cybele.

AGRADECIMENTOS

Agradeço a Deus pelo dom da vida e por estar sempre comigo em minhas escolhas, ao meu pai (*in memoriam*) e à minha mãe, razão do conteúdo desta obra.

Às minhas amigas de infância: Rosileide, Quitéria, Cícera, Salete, Antônia, Vitória e Concília.

Agradeço às minhas amigas de adolescência: Cândida Bastos, Lígia Bequista, Celiane Malta, Vânia Lima, Luzia Lima e Maria Conceição; e às minhas irmãs, Arlete e Maria José, muitas vezes citadas nesta obra.

A Maria Cremilda e Lucilene Vieira, minhas maiores incentivadoras.

Por fim, a todos que contribuíram para que este livro fosse produzido mediante sua participação em trechos citados.

APRESENTAÇÃO

Neste livro apresento minha trajetória de vida até os dias atuais, por meio do gênero de relato de memórias, considerando que o trabalho com lembranças oferece um meio eficiente de vincular o ambiente em que se vive a um passado mais amplo e alcançar uma percepção viva do passado, o qual passa a ser não somente conhecido, mas também sentido pessoalmente. Por isso, considero que o trabalho com a memória não pode se restringir à recuperação de um passado morto e enterrado dentro de uma abordagem pitoresca ou nostálgica, como se só o que já passou fosse bom e tivesse valor. Trata-se, antes, de resgatar memórias vivas das pessoas mais velhas que, passadas continuamente às gerações pelas palavras, pelos gestos, pelo sentimento de comunidade de destino, ligam os moradores de um lugar.

Recuperar essa história, entre outras coisas, estimulou-me e permitiu-me mostrar o valor de pessoas, extrair fatos de dentro delas, o contato entre gerações e um sentimento de pertencer ao lugar onde eu vivi, dando-me a sensação de levar comigo tudo o que fez parte do meu passado e do que ainda estou vivendo.

Entendo que o texto com memórias envolve seleção, descrição e análise de uma trajetória individual a partir de diversos enfoques e metodologias, que permitem sua incorporação por meio de relatos de fatos vivenciados.

Dentro desse universo, as situações nas quais narrador e personagem são a mesma pessoa, caracterizam a expressão literária da autobiografia, cuja manifestação entre historiadores é também chamada de ego-história, situação na qual a identidade autor-narrador rompe com as instâncias dicotômicas que, mesmo com ressalvas, caracterizam os gêneros ficcionais.

Jeremy D. Popkin afirma que

> [...] os leitores da autobiografia de um romancista podem estar interessados em detalhes sobre o processo de escrita que produziu as obras que permitiram ao autor entrar em suas vidas, mas os historiadores sabem com maior clareza que para os seus leitores as circunstâncias em que foram escritos os seus livros são fonte de interesse muito significativo (POPKIN, 2005, p. 170).

Dessa forma, esta obra terá um grande significado em minha vida, uma vez que externo minha trajetória para ser compartilhada com a família, em especial as minhas filhas, Silvelâne e Saniele, e minha neta, Maria Cybele, como também com amigos e leitores do Brasil e, quem sabe, leitores de todo o mundo.

PREFÁCIO

Ao escrever este livro, *Memórias: minha história é uma poesia*, a autora buscou um jeito de alcançar o centro de suas emoções de forma a compartilhá-las com outras pessoas. Algo para ela muito significativo, visto que, se não fossem escritos cada um dos detalhes íntimos de sua história de vida, eles poderiam ser esquecidos. O livro está dividido em duas partes: na primeira, a autora narra sua história de vida inserindo alguns trechos poéticos; na segunda parte estão todas as suas poesias que validam sua experiência poética e dão significado à sua vida; afinal de contas, suas memórias podem ser um tesouro valioso para sua família e para quem quer aprender mais e se divertir mergulhando em seu mundo tão particular. Um mundo que muitos, inclusive suas filhas e neta, não tiveram o privilégio de conhecer de perto. Assim, ficarão como legado os ensinamentos aqui registrados, não só para elas, mas também para todos os que tiverem interesse em ler esta história de alegria, lutas e superação. Alguns fatos aqui narrados são tristes, outros alegres e outros enriquecedores, que farão parte do acervo bibliográfico de leitores do mundo inteiro. Acredito que muitos viajarão e conhecerão este universo tão particular que é a sua história de vida. O livro pode ser um presente para suas filhas e neta, fonte de inspiração, seus amigos, sua família, seu estado, seu município, seu país e para o mundo. Apenas você pode contar a história que lhe foi dada e outras pessoas serão enriquecidas por ela.

Maria Cremilda da Silva Melo

SUMÁRIO

CAPÍTULO I
O CAMPO: MINHA RAIZ 15

CAPÍTULO II
MITOS E MEDOS:
EM UMA PERSPECTIVA FENOMENOLÓGICA 26

CAPÍTULO III
DEIXANDO A VIDA DO CAMPO PARA TRÁS 32

CAPÍTULO IV
MINHA TRAJETÓRIA PROFISSIONAL 59

CAPÍTULO V
CAPÍTULO DE POESIAS 67

CAPÍTULO VI
MINHAS PARÓDIAS 137

REFERÊNCIAS 148

CAPÍTULO I
O CAMPO: MINHA RAIZ

Eu, Maria Aparecida da Silva, filha de Olival Ferreira da Silva e Lenice Nascimento da Silva, nasci de parto normal, no dia 3 de março de 1964 na fazenda Várzea da Serra, município de Capela, em Alagoas. Vim ao mundo, amparada pelas mãos de uma parteira muito habilidosa, pois naquela época a maioria dos partos era realizado em casa. Nasci em uma casinha muito modesta de pau a pique, a famosa casa de taipa, desprovida de qualquer regalia, como água, luz, televisão, telefone. Ah! Acho que nem em sonho isso poderia existir em nossa vida. Acredito que nessa época quase ninguém, mesmo da área urbana, desfrutava desses privilégios, visto que telefone e televisão eram recursos tecnológicos bem escassos, e mesmo que o cidadão tivesse um padrão de vida elevado, a aquisição desses recursos era bem reduzida. Muito diferente do que vemos hoje em dia, pois mesmo com muito sacrifício os equipamentos eletrônicos que o rico tem em casa o pobre também tem, pois estamos vivenciando a geração do "ter".

Morei até meus 8 anos de idade na fazenda Várzea da Serra, rodeada por planaltos e planícies, alguns cercados com muitos gados do patrão de meu pai, árvores frutíferas, rios, roças plantadas por minha mãe e meu pai, muitas galinhas, porcos e cabras. Tudo o que consegui lembrar daquele lugar e de toda a minha trajetória de vida até os dias atuais é o que vou descrever com muita nostalgia neste livro.

Meu pai era pobre e de pouca leitura, mal sabia assinar o seu nome, diferente da minha mãe que nem o nome sabia assinar, como não sabe até hoje. Homem simples, porém de uma inteligência matemática fora do normal. Tanto que, mesmo sem muita leitura ele passou a administrar a fazenda do patrão, Sr. Geraldo Melo, ex-governador do estado de Alagoas. Era impressionante, mas ele conseguia fazer a folha de pagamento semanal com todos os nomes e todos os valores a serem pagos à cada agregado da fazenda. Até hoje consigo fechar os olhos e enxergar aquela folha de pagamento escrita em vermelho, cuja função a quem se destinava meu pai sabia muito bem. Mas nem sempre foi assim: cortou cana, limpou mato, cavou valetas, além de outros serviços disponíveis na fazenda. Não havia como escolher trabalho. Tinha que garantir o sustento da casa onde moravam eu, minha irmã mais nova, Arlete, e a mais velha, Maria José, conhecida até hoje como Nega, apesar de ser bem branquinha.

Ele, junto à minha mãe, plantava muitas roças para que nada nos faltasse. Minha mãe conta que na seca de 1970, muita gente passou fome, mas meu pai tinha muita mandioca plantada que sobreviveu a essa fase; com isso ele fez muita farinha, que servia de doação para quem não tinha. Para muitos, foi o alento que faltava para sobreviver durante esse fenômeno da natureza. Dizem que foi a maior seca da história do estado de Alagoas.

Na fazenda onde morávamos, existia bem perto uma casa de farinha, que consistia de uma estrutura circular bem grande feita de barro, com o centro bem liso feito de cimento e de dimensão extensa, onde se jogava a massa da mandioca. Embaixo havia uma lareira, na qual se colocava a lenha para queimar. Meu pai, com um objeto comprido do tipo "rodo" ia mexendo a massa em movimentos frenéticos, jogando para lá e para cá, até que a massa ficasse bem torradinha. Após todo esse processo, estava pronta a farinha de mandioca. Lembro-me de que ele conseguia produzir uma grande quantidade que dava para encher muitos sacos, de forma que parte dessa produção era comercializada na feira do município de Capela, em Alagoas, já em pronta entrega. O restante, era utilizado para o consumo da família e distribuída para os vizinhos mais carentes.

Nessa linha de produção, minha mãe entra com uma dinâmica bem interessante. Com o sumo da mandioca, ela conseguia produzir uma goma bem branquinha, que após alguns dias em processo de conservação ela escorria todo o líquido, e utilizava essa parte na produção da massa de tapioca. Essa massa da mandioca, que passava por todo um processo de moenda pelo "caitatu", uma tipo de motor, ralador de mandioca, minha mãe fazia muitos bolos, conhecidos aqui no nordeste como beijus. Lembro que eram bem saborosos. Até hoje consigo visualizar essa casa de farinha com os olhos fechados, tal qual era quando criança.

Seu João Barros, bem mais velho, e dona Antonieta, um pouco mais jovem, eram os donos. Para chegar até lá tínhamos que subir uma ladeira e andar pelo menos uns dois quilômetros. O local era bem agradável, cercado por muitas árvores frutíferas, especialmente mangueiras e jaqueiras. Enquanto meu pai e minha mãe estavam ocupados com a farinha, eu e minhas irmãs saboreávamos as mangas docinhas que caiam dos pés. Lembro-me de que antes de chegarmos a esse lugar, tínhamos que passar pela casa de Sr. Zezé, um vizinho muito bom e que tinha muitos filhos, hoje residentes no estado de São Paulo. Ai! Como sinto saudade dessa gente!

Minha casa de farinha

Que produziu alimento

Muito tempo já passou

Mas em mim não se apagou

Tua história, com o tempo.

A casa onde morávamos vivia cercada por galinhas. Eram tantas que quase todos os domingos meu pai levava para vender na feira dois "caçoás", um tipo de cesto grande e arredondado feito de "cipós" retirados das matas, trepadeiras, características das matas tropicais, de ramos delgados e flexíveis, que meu pai apoiava na cangalha do cavalo. Tínhamos também criação de cabras e porcos. Lembro-me de que meu pai me deu de presente uma porca e ela cresceu tanto que até hoje consigo guardar na memória o seu tamanho. Tinha a cor branca e em sua primeira cria, conseguiu parir 12 porquinhos. Fiquei encantada e até hoje não consigo esquecer dos bichinhos aninhados, sugando todo o leite que ela conseguisse produzir. Além da porca, ganhei uma cabra malhada. Sabem qual era a parte mais interessante nessa história? Meu pai dizia que eu tinha sorte com bichos, ou seja, a reprodução era sempre boa. Mas na hora da venda quem tinha sorte era ele, porque eu não via nem a cor do dinheiro. Ele guardava tudo em umas latas de óleo enterradas no chão. Uma vez, sem querer, eu o vi mexendo no local e percebi que estava guardando dinheiro. Naquela época meu pai não tinha noção do que era um banco, tampouco uma poupança, por isso o seu banco sempre foi uma lata enterrada no chão. Graças a isso, ele conseguiu comprar uma casa onde moro até hoje.

De todos esses animais citados impossível esquecer os dois cavalos que meu pai possuía: um gazo, de cor branca, olhos azuis, pequeno e com cara de bravo e um rudado, de pelo todo pintadinho como se fossem bolinhas cinzas e brancas. Minha irmã mais velha, Nega, dominava o rudado muito bem. Nós éramos crianças, bem pequenas, não mais que 6 ou 7 anos, porém não sentíamos medo de montar. Parece que era a própria lei da gravidade que mantinha o equilíbrio do corpo sobre eles, principalmente da minha irmã mais velha. Acredito que por isso sou apaixonada por cavalos até hoje. Posso dizer que é meu animal de "estimação".

O cavalo gazo era arisco e pouco confiável para montar, pois costumava disparar após o galope. Pode-se dizer que ele ficava sem freio e ninguém conseguia fazê-lo parar. A não ser meu pai, porque tinha muita força nos punhos, assim como uma vizinha nossa, a Sônia, filha da família "Boi", como é conhecida por todos, atualmente. Por conta disso, minha irmã costumava montar mais no cavalo rudado. Manso igual a uma cabra! Ela era tão familiarizada com ele que até o banho era por conta dela. Muitas vezes eu a acompanhava na garupa do cavalo até um açude distante de casa, mais ou menos a 1 quilômetro de distância. Chegando lá, o primeiro banho tinha que ser nosso, porque senão não tinha graça. Apesar disso, não sei nadar até hoje. Em seguida minha irmã, tão miúda e magrinha, conseguia banhar o cavalo. Ao outro quem dava banho era a Sônia, visto que era mais velha que nós e o dominava muito bem. Hoje esse mesmo açude cresceu bastante em extensão, pois consigo vê-lo de cima de uma serra que fica próxima ao meu pequeno sítio.

Certo dia, minha mãe estava peneirando feijão na frente de casa e lá vínhamos nós a galopar. Nesse dia foi diferente porque eram as três irmãs que estavam montadas. Ao nos aproximar de minha mãe, caímos as três do cavalo, tipo efeito dominó. Foi muito engraçado porque parecia uma queda ensaiada e bem suave. Nunca esqueci desse acontecido! Vejo as cascas do feijão ao vento e minha mãe a sorrir. Comparando o passado com o tempo atual é incrível! Jamais permitiria que minha neta, Maria Cybele, mesmo agora aos 15 anos, montasse a cavalo sozinha. Acredito que nem eu e nem a maioria das mães, atualmente.

Mesmo em um tempo tão distante, quando tudo era proibido, com certeza a liberdade não era podada. Hoje, proíbe-se tudo o que é bom e belo, exceto o que de fato deveria ser: a permissividade para as coisas mais fúteis como o uso exacerbado de celulares e, porque não dizer, das redes sociais.

Atualmente tenho um sítio bem pertinho de onde nasci, meu pedacinho de chão, cujo acesso são exatamente as vicinais da fazenda Várzea da Serra. Impossível eu passar pela estrada sem sentir nostalgia por cada detalhe daquele lugar que, certamente marcou a minha infância. É uma dor que sinto na alma e uma vontade enorme de trilhar a pé todos os pontos e caminhos por onde vivi parte da minha infância. Uma infância inocente, sem celulares, apenas com bonecas de milho verde, panelas de barro, corda e outros brinquedos sem custo.

Outro capítulo de minha, vida depois das aventuras nos cavalos, que nunca e jamais esquecerei foram as subidas em pés de mangueiras ou em qualquer pé de fruta que estivesse ao nosso alcance. Sempre as três juntas, mas como a mais nova não acompanhava nosso ritmo costumávamos sair sempre eu e minha irmã mais velha, Nega. Podemos dizer as mais "danadas". Altura nunca foi obstáculo para nós duas. Fechem os olhos e imaginem duas crianças, uma de 6 e uma de 7 anos, subindo em pés de mangueiras de mais ou menos 10 metros de altura, incluindo o tronco. Não pensem que meus pais permitiam! A liberdade do campo e a amplitude do lugar eram convidativos para qualquer tipo de aventura.

Havia também por lá uma trilha com muitos pés de caju, que servia de limite entre fazendas que costumávamos enveredar. Tirávamos os frutos e as castanhas e minha mãe assava em uma lata grande toda furada embaixo e nas laterais para que o fogo entrasse. Após assadas, quebrávamos a casca com uma pedra e comíamos a castanha saborosa. Lembro-me de que uma das coisas que nós fazíamos também com as castanhas cruas era abri-las ao meio e com as bandas fazíamos tatuagens nas coxas. Os mais velhos diziam que era para não ser mordido por cobras. As nossas coxas ficavam todas feridas. Depois que secavam, ficavam as marcas que por sinal eu e minhas irmãs temos até hoje. Acredito nessa cura, como verdade até os dias atuais.

Em frente à minha casa tinha um cercado bem próximo. Ao atravessar o terreiro, espaço limpo e sem capim, já estávamos lá. Como minha mãe plantava muito algodão e a coleta era realizada mais de uma vez por ano, sempre sobravam alguns chumaços nos pés. Eu e minha irmã Arlete, mais nova, resolvemos coletar a sobra para vender. Lembro que conseguimos juntar ainda meio saco com capacidade para 50 quilos. No domingo minha mãe levou para vender na cidade de Capela, na mercearia de um homem muito conhecido, o Sr. Otávio Gomes, que negociava móveis, algodão e outras bugigangas. Após a venda e com o dinheiro em mãos, minha mãe comprou um tecido bem bonito para fazer um vestido para nós duas.

Enquanto meus pais foram à feira, eu e minhas irmãs ficamos sozinhas. Como a casa era de taipa e as paredes eram muito baixas minha mãe costumava deixar um cesta de costura sobre uma delas que ficava no quarto. Quando entramos, por incrível que pareça, tinha uma cobra enorme, conhecida como papa-ovo, toda enrolada perto da cesta. Dei um grito e corremos as três para o terreiro da casa, onde ficamos enquanto meus pais não voltavam da feira. Nada nesse mundo nos fez entrar em casa, até que eles voltassem. Demorou muito, mas depois de certo tempo lá vinham eles: meu pai montado a cavalo e minha mãe caminhando. Quando eles se aproximaram corremos e contamos a novidade. Meu pai entrou em casa e ela estava lá do mesmo jeito: toda enroscada. Infelizmente a primeira atitude de meu pai foi matar a bichinha, mesmo sabendo que ela não representava perigo algum por não possuir veneno.

Depois do caso passado estávamos curiosas para saber o que nossos pais trouxeram da feira. Após o almoço, minha mãe mostrou o tecido que havia comprado com o dinheiro do algodão. Lembro que era um tecido estampado, cujo campo era branco com florezinhas coloridas. Bem apropriado para crianças. Fiquei muito feliz! Fruto do meu primeiro trabalho com apenas 7 anos. Dias depois, o tecido foi levado para a costureira e meu vestido ficou lindo. Em um domingo, eu o usei pela primeira vez, superencantada! Como o cercado que ficava em frente à minha casa era de capim braquiara, comecei a rolar feito cachorro ao vento. Não me dei conta de que por ali estava cheio de esterco bovino. Não deu outra: sujei todo meu vestido embolando no capim, fato que serviu de chacota para todos que ali se encontravam. Riram tanto de mim que entrei em casa emburrada e não quis mais saber de nada. Até hoje minha mãe relembra essa história. Acredito que me deixou algum trauma porque quando ela toca no assunto me sinto muito desconfortável.

Quando ingressei à escola pela primeira vez, lembro que metade do meu primeiro ano de escolaridade foi em uma fazenda bem distante, de nome Boqueirão, cujos donos eram o Sr. Heitor e Sr. José Quinca, dois irmãos. Minha primeira professora foi dona Enise, jovem morena e de cabelos lisos que morava no município de Capela. Ela andava léguas para dar aulas às crianças da fazenda. Nessa época, tanto escolas quanto professores eram considerados escassos. Hoje com a popularização de escolas e professores, temos percebido que de certa forma, comprometeu-se a qualidade da educação púbica, ou seja, todo mundo pode ser professor. Até onde sei, muitos da época começaram sua vida profissional na área rural, rompendo sol e chuva, lama e animais na estrada, ventos e tempestades. Mas uma coisa era certa: existia muito amor e compromisso envolvidos. O ato de ensinar vinha acompanhado também de muito respeito, disciplina e muito jeito para conduzir o processo de ensino e aprendizagem, muito embora fosse muito tradicional. Até dizem que foi um tempo ruim, pois os castigos atribuídos aos alunos na época, como a palmatória e ajoelhar-se em caroços de milho eram considerados muito rigorosos. Hoje esses castigos são vistos como crimes na educação atual.

Após o primeiro semestre na fazenda Boqueirão, meu pai pediu transferência para outra escola um pouco mais perto, a Fazenda Flor dos Campos, para a conclusão do primeiro ano, cujo dono era o Sr. Geraldo Melo, ex-governdor do estado de Alagoas. Minha professora, dona Vanda, era muito bonita. Filha do barraqueiro do lugar, seu Lau, como era conhecido por todos. Um homem severo a quem os filhos temiam muito. Um dia, presenciei a professora Vanda tomando uma bronca enorme do pai só porque errou uma conta do barracão. Só não apanhou porque meu pai atravessou na frente. Naquela época era inadmissível atuar como professora e cometer um erro, principalmente na frente de estranhos.

É mágico lembrar que minha segunda escola ficava cercada por um sítio enorme! Seu Abílio era o caseiro. Um homem magrinho, alto e negro, de cara muito fechada, porém muito gentil. Na hora do recreio, ele nos levava para o sítio de laranjas. Eram tantas que não tinha como ninguém voltar para casa de barriga vazia. Que sítio lindo! Lembro que as laranjas que eu mais gostava eram as do tipo Pocan e a Cravo. Às vezes, a gente nem queria almoçar quando voltava para casa.

Nessa época, não havia merenda para os alunos. Quando muito, tomávamos leite caramelizado. Os alunos já estávamos enjoados de tomar leite. Às vezes, eu e minhas irmãs levávamos como lanche para a escola batata cozida, banana anã que muitas vezes chegaram amassadas, e também canjica de milho verde quando sobrava. Nossa mochila era uma sacola plástica que carregava apenas o caderno e o lápis grafite. Não lembro de ter possuído lápis de cor ou outros tipos de materiais escolares que pudessem auxiliar na minha aprendizagem nem no das minhas irmãs. Para nós, foi uma educação em preto e branco. O que tivemos de colorido foi a paisagem que cercava a escola: árvores frutíferas, roseiras, vários tipos de plantas ornamentais, além do verde estonteante do capim existente nos cercados vizinhos.

Tive uma infância pobre. Apesar de nunca ter passado fome, lembro-me de que nossa alimentação era bem carente. Parece até que era mesquinhez de meu pai, porque não justifica minha mãe dividir uma sardinha salgada para duas pessoas quando meu pai vendia quase todos os domingos, como já citei acima, dois "caçoás" cheios de galinhas. Acho que ele tinha planos para melhorar nossa vida e, assim sendo, não costumava gastar dinheiro.

Ao redor da escola ficava a casa grande do Sr. Geraldo Melo, onde moravam sua esposa, dona Talma, mulher linda e muito caridosa e também seus filhos e filhas: Verônica Melo, Cândida Melo, Antônio Melo (Totinho) e Horácio Melo. De todos o que mais consigo lembrar é do Horácio. Menino lindo, de cabelos escorridos e que mais costumava aparecer na varanda na hora da aula, mais precisamente na hora do recreio. Certamente havia um distanciamento entre nós, pois ele era rico e nós éramos pobres.

Aquele caminho estreito nos levava todos os dias à escola. Atravessávamos um cercado, passávamos por uma plantação de bambus, planta da subfamília *bambusoideae* e da família das gramíneas. Passávamos por vacas paridas até chegar à estrada principal que dava acesso à escola. Para chegar lá, tínhamos que subir um pequeno ladrilho de paralelepípedos por onde os carros da família costumava passar. Muitas flores preenchiam as cercas laterais que davam para a casa grande. As trepadeiras coloridas davam uma visão panorâmica àquele lugar. Hoje, sinto muita saudade daquele mundo inocente que deu início à minha caminhada para o futuro e que eu jamais sabia onde iria dar. Tenho um grande sonho de voltar à casa grande só para matar a saudade que chega a doer em meu peito.

Que saudade de outrora

Do passado que não volta

Da minha querida escola

Cercada por laranjais.

Da minha querida Vanda

Professora dedicada

De seu Abílio, o caseiro

Tempo que não volta mais.

Outro fato que marcou bastante a minha infância foi a separação de meus pais. Não foi nessa época uma separação definitiva, porque lembro que minha mãe sempre acabava voltando. Eu a considerava uma pessoa muito precipitada. Quando brigava com meu pai, muitas vezes por causa de outras mulheres, fazia as trouxas; sim, porque malas em minha casa não existiam, e sumia campo adentro. Enquanto ela não se cobria por entre as palmeiras, semelhante ao horizonte, eu ficava a observá-la até que ela desaparecesse por completo. É como se fosse um barco em alto mar que vai navegando, navegando até desaparecer no infinito. Até hoje quando fecho os olhos vejo minha mãe sumindo, sem esperanças de retornar para junto de nós. E o que me deixa bastante triste é que ela não pensava na gente, em mim e em minhas duas irmãs. Deixava-nos sozinhas até meu pai voltar do trabalho. Quando ele chegava, a tristeza era dobrada. Sofríamos todos juntos, sem esperança nenhuma de que ela voltasse para casa, e pudéssemos nos sentir protegidos.

Um novo capítulo começa a surgir em minha vida. No ano de 1972 meu pai chega em casa com uma novidade: que em um futuro bem próximo teríamos que ir embora daquele lugar que eu tanto amava. Na fazenda existiam dois empregados, meu pai e o Sr. José João, homem de aparência branca, gordo e pai de seis filhos. Eram chamados de empregados os agregados que tomavam conta da fazenda, ou seja, eram os homens de confiança do patrão, responsáveis pela medição das terras para os trabalhadores, chamadas "contas", que era uma vara de 2 metros, usada para medir um quadrado de 10 x10, como também pelo corte de cana e pela folha de pagamento.

Segundo meu pai, o dono da fazenda havia demitido o Sr. José João por algum motivo, não sei qual; porém, meu pai não aceitou de modo algum aquela situação. Acredito que era o destino nos impulsionando para outros horizontes, além da área rural. Segundo ele, teria ido falar com o patrão para se colocar no lugar do amigo, alegando que ele tinha seis filhos e meu pai só tinha três. Achei essa atitude incrível, porque nos dias atuais as pessoas só querem subir puxando o tapete de seu semelhante.

O dono da fazenda disse ao meu pai que não aceitava a sua demissão. Ele queria que o outro fosse embora. Mas não teve jeito! Meu pai não quis mais continuar com o trabalho e pediu um tempo para conseguir organizar a venda dos bichos e o que fazer com a plantação de roças. Se alguém tinha que continuar com o trabalho que fosse o outro por ter mais filhos que meu pai.

Três meses se passaram. Chegou o grande dia! No mês de janeiro de 1973 começa uma nova história em minha vida e na vida de minha família. Fizemos a mudança para a cidade de Capela. Não tínhamos quase nada sofisticado para levar, como geladeira, fogão e televisão. Na verdade poucos tinham, e eram para ricos. Só tínhamos para levar na muda colchões de capim, camas velhas, algumas panelas, cadeiras, mesa, roupas. Tudo muito simples! Se existia pobreza, posso dizer que era naquela época. E seguimos, deixando para trás minha fase mais bonita.

Impossível não lembrar

Minha infância tão querida

Lá curti a liberdade

Com pureza e sem maldade

Essa fase lá vivida

Juro que não esqueci

De tudo que lá curti

Fez parte da minha vida.

Continuarei no próximo capítulo outras aventuras na área rural, sendo complementada minha história na infância com fatos fenomenológicos por mim vivenciados.

CAPÍTULO II
MITOS E MEDOS: EM UMA PERSPECTIVA FENOMENOLÓGICA

Este capítulo se refere a uma parte de minha infância, cujo foco central se baseia em alguns fatos vividos na infância, narrados de acordo com a modalidade de pesquisa segundo Benjamim (1994) como narrativa fenomenológica. Esses fatos ficaram marcados em minha memória e que até hoje não consigo esquecer.

A memória por mim revelada traduz dimensões que envolvem uma perspectiva fenomenológica e existencial da pesquisa, pois trata, basicamente, da minha experiência ao viver alguns mitos e medos.

Schmidt (1990, p. 59) vincula o pesquisar à experiência, quando afirma que:

> A pesquisa, muitas vezes, é a elaboração de elementos diversos e difusos da teoria e da experiência, elaboração construída em torno de um fenômeno. Nesse sentido, uma pesquisa concluída é o relato do percurso de um pesquisador ou de um grupo.

É, então, na direção da experiência que a pesquisa fenomenológica e existencial se encaminha, uma vez que tal perspectiva enfatiza a dimensão existencial do viver humano e os significados vivenciados pelo indivíduo no seu "estar no mundo".

Conto minha história, narrando os fatos, acontecimentos e afetos que percorrem a minha trajetória vivencial. E, na medida em que o faço, desvelo a minha experiência, ao mesmo tempo que construo e reconstruo, através da linguagem, minha infância. Ao contá-la, sinto como se algo em minhas lembranças fosse sendo apagado. Conforme Schmidt (1990, p. 70), "cabe ao pesquisador colocar-se, então, mais como um recolhedor da experiência, inspirado pela vontade de compreender, do que como um analisador à cata de explicações".

Embora esteja falando sobre acontecimentos marcantes do meu passado, eu me sinto bem à vontade. Acho bom estar falando. É bom, porque conversando eu desabafo mais. Procuro tirar tudo quando sinto que a minha conversa está sendo lida por alguém, sobre alguma coisa que aconteceu, algum problema vivido há algum tempo, e, assim, já vai saindo do meu corpo e da minha memória. Vou procurando, é como se fosse uma alma perdida que de repente encontra um ancoradouro para repousar suas aflições. Então, para mim, é a mesma coisa. Quando vou contando as histórias, aos poucos a alma perdida vai se desprendendo, que é a dor dos sofrimentos que eu já passei na minha infância. Assim, já vão saindo essas histórias da minha vida, todas como forma de libertação dos sentimentos aprisionados durante muitos anos. É alívio. Parece que cada dia que eu conto a minha história, por saber que de alguma forma estou compartilhando esses sentimentos negativos com alguém, o meu sofrimento vai diminuindo.

Minha infância foi muito pobre. Nasci em uma fazenda, a Flor dos Campos, no ano de 1964, no município de Capela, estado de Alagoas. Morávamos em casa de pau a pique, de aparência muito pobre. Naquela época, a área rural se distanciava muito da área urbana, pois não se ouvia falar em energia elétrica e muito menos em água encanada. A única beleza para mim era poder acordar e contemplar os encantos da natureza ao redor: o canto dos pássaros e a vegetação verdinha davam a sensação de pureza ao lugar. Eu morava em frente a um cercado, de forma que logo cedo a primeira visão que eu tinha era do gado pastando.

Lembro que íamos para a cama logo cedo, no máximo, às 18h30, já que não tínhamos nenhum tipo de entretenimento, como a televisão por exemplo, e assim acabávamos indo "dormir com as galinhas".

Recordo-me que, apesar da pouca idade, mais ou menos 7 anos, não tinha nenhum medo de andar a cavalo, de subir nas mangueiras, de caminhar a pé pelas vicinais da fazenda. Sentia-me muito feliz no lugar onde morava, pois tinha uma sensação de liberdade. E, nessa liberdade, traduzo a forma como Paulo Freire muitas vezes expressa em seus escritos que alfabetizou e aprendeu a ler embaixo das mangueiras. Pois é! Essa liberdade tornou-me uma pessoa, muitas vezes, saudosa das lembranças do meu passado, algumas boas e outras ruins, mas que fizeram parte da minha infância e até hoje guardo na memória, ao contrário de minhas irmãs que não conseguem lembrar de muita coisa por nós vivida, inclusive subir nas mangueiras.

Lembro-me de que, no mesmo ambiente em que morava existiam alguns mitos. Quando meus pais saíam de casa e me deixavam acompanhada de duas irmãs, uma mais velha e outra mais nova, sentíamos um certo receio, visto que, naquela região, temporariamente, passavam ciganos em tropa. Lembro que ao ouvir falar dos ciganos, escondíamo-nos embaixo da cama, porque todos diziam que se eles pegassem crianças sozinhas, levavam consigo e nunca mais devolviam. Isso para mim era como um filme de terror. Sem contar que por lá também havia um homem cujo pseudônimo era "alpargatas de romeiro", que carregava uma cabaça, fruto retirado de uma planta e que quando secava servia pra carregar água. O que ele mais gostava de fazer era assustar as crianças. Gente! Eu morria de medo desse homem! Se por acaso estivesse andando pelas redondezas e minha mãe ou minhas irmãs dissessem que ele estava vindo, mesmo que fosse brincando, eu corria tanto que as minhas pernas alcançavam meu bumbum. Era impressionante!

Morávamos perto de serras e quando anoitecia, no pouco tempo em que ficávamos no terreiro de casa, a única luz que avistávamos era a dos vagalumes e da lua, quando ela resolvia aparecer. Nesse intervalo, eram muitas histórias contadas por meus pais, mas de uma eu me lembro muito bem. Eles contavam que, quando víamos nas serras algum tipo de luz, como se estas se movimentassem, era o "fogo corredor", ou seja, era a briga do compadre com a comadre por terem mantido algum tipo de união extraconjugal. Como se fosse algum tipo de maldição lançada ao casal após a morte. Levávamos esses relatos tão a sério que até hoje essas lembranças fazem parte de minha memória.

Chamo aqui atenção para o realmente marcou minha infância, algumas, como os mitos e o medo, uma vez que até hoje sinto que parte de minhas frustrações se dá ao fato de ter acreditado nessas coisas como se fossem reais. O medo passou a fazer parte de mim desde a infância.

Sem contar que, naquela época, também se falava muito em lobisomem. E isso com certeza foi o que me causou mais desajuste emocional, pois tinha-se a certeza de que era mais real do que os demais, descritos até agora. O mais impressionante é que hoje não sentimos medo dessas coisas, sentimos medo do ser humano, pois fechamos as portas, não com medo de bicho, mas, sim, com medo de gente.

Consigo lembrar também que minha mãe contava e conta até hoje que, quando solteira, dormia na mesma cama com uma irmã. Certa noite, em altas horas, escutaram um assobio bem fino. Minha tia sentiu um desejo enorme de ir abrir a porta. Porém, minha mãe disse a ela que não abrisse de jeito nenhum! Havia, além da lenda do lobisomem, a história da "fulozinha", assim como eles chamavam, um ser do além que fazia com que os caçadores se perdessem mata adentro. O assobio foi tão insistente que minha tia parecia estar sendo chamada por ele. E foi o que aconteceu: quando ela abriu a porta caiu dura no chão roncando como um porco. Minha mãe ficou desesperada chamando o pai, dizendo:

"Papai! O lobisomem pegou a "Di", assim como era chamada. Ele pegou a espingarda e correu. Porém, ao se aproximar, não havia lobisomem algum. Acreditem se quiser, mas minha tia ficou doente até o resto de sua vida, tendo crises epilépticas um tanto quanto diferentes das comuns. Ela ficava paralisada e não reconhecia ninguém. Se estivesse cozinhando, colocava as mãos no fogo sem sentir. Só quando voltava a si, meio atordoada é que percebia que havia tido uma crise por conta das queimaduras.

Outra história impressionante e que me dá arrepios até hoje, contada por minha mãe e meu pai quando ainda era vivo, foi a seguinte: dizem que em uma noite, assim como em tantas outras, lá onde moravam e nas fazendas circunvizinhas, costumavam escutar um barulho no ar como se fosse um pássaro bem grande. Fazendo analogia, pode-se comparar a um dinossauro enorme que sobrevoava o lugar. Conta-se que era um barulho acima do normal parecido com o de um avião, porém ninguém conseguia ver nada, pois o ser era invisível. E o mais impressionante é que esse bicho que sobrevoava batendo as asas que, segundo minha mãe, pelo barulho eram enormes. Segundo ela, o ser do além falava o seguinte: " Eu sou o Cola! - Eu sou o Cola! - Eu sou o Cola! - Sou!". Isso era repetido por várias vezes, com um som nasal. Depois de certo tempo sumia, da mesma forma que veio, de repente! Nessa época, ainda existiam muitas moradias na área rural e todos ficavam no terreiro da casa olhando e muito amedrontados. Até hoje me lembro dessa história tão impressionante! Como minha mãe ainda é viva, pode contar para qualquer pessoa do mesmo jeito que estou contando neste livro.

Diante dos fatos relatados e por mim vivenciados credito que me tornei uma pessoa medrosa. Será que todas as coisas relatadas até agora fizeram de mim uma pessoa desequilibrada emocionalmente? Acredito que o sofrimento moral que se abate sobre mim tem a ver com tudo que vivi na infância. Considerando todos esses fatores, sinto-me muitas vezes, mesmo estando entre multidões, sozinha. Um vazio inesperado toma conta de mim. Neste capítulo, estão resumidas apenas algumas fases de minha infância.

Se existe assombração
Ou seres sobrenaturais
Tudo que aqui contei
Não esquecerei jamais
Algumas interessantes
Outras impressionantes
Ficção, outras reais.

    Finalizo este capítulo acreditando que todas as experiências por nós vividas enquanto seres, pessoas, sejam elas boas ou más, fazem parte do crescimento humano. Não existem brilhantes sem que antes tenham sido lapidados por diversas vezes.

CAPÍTULO III
DEIXANDO A VIDA DO CAMPO PARA TRÁS

Chegamos! Era tudo muito estranho. E foi assim que no mês de janeiro de 1973 nossa mudança chegou à rua Juvêncio Correia, em Capela, no estado de Alagoas. A rua era conhecida como "rua do campo". Que mundo diferente para todos nós. Faço analogia com um passarinho de vida livre que passou a viver na gaiola. Acredito que esse sentimento não era só meu, mas de todos nós, afinal, éramos todos descendentes da área rural. Eu nem me lembro de ter vindo à cidade antes. Mas como éramos crianças, tínhamos muita coisa para aprender. Percebi uma tristeza muito grande em meu pai e em minha mãe, principalmente nele, por não saber por onde recomeçar a vida, já que estava desempregado e passou a pagar aluguel.

A casa em que fomos morar já havia sido alugada por meu pai com antecedência em uma das idas à feira nos domingos. Ambiente modesto e que combinava com o nosso padrão de vida. Dois quartos, uma sala, um corredor, cozinha e um banheiro que ficava no quintal. Ao chegarmos à cidade depois de descer a "muda" fomos arrumar o pouco que tínhamos. Depois de "tudo" arrumado fomos dormir. Ao acordar senti uma tristeza muito grande em meu pai. Acredito que em seus pensamentos ele vislumbrava o que fazer para manter o aluguel e a nossa alimentação.

Passados alguns dias, ele recebeu um convite para trabalhar como medidor de contas para trabalhadores rurais, já que possuía experiência nesse trabalho, cujo objetivo era medir a terra com uma extensão de 10m X 10m, em uma fazenda próxima, para que os trabalhadores pudessem limpar o mato existente no plantio de cana. Não tinha carteira assinada, mas no momento ele não tinha escolha: era pegar ou largar. Até porque já existia uma familiaridade muito grande com esse tipo de serviço, afinal, ele acabara de deixar um trabalho equivalente.

    Agora era a hora de cuidar da nossa educação, que foi interrompida. Como o ano estava começando, porque não sei se muitos lembram, naquela época as aulas começavam no mês de março. Existiam algumas escolas na cidade, e a nossa matrícula foi realizada para o segundo ano primário em uma escola próxima, Fazenda Várzea Grande, a 1 quilômetro e meio de distância, porque meu pai conhecia a professora e não tinha confiança de nos matricular na área urbana. Hoje entendo que não precisamos conhecer o professor para realizar a matrícula de um aluno, mas de acordo com a cultura de meu pai, era melhor que fosse com um professor que ele já conhecia, garantindo assim, maior segurança para nós, eu e minhas irmãs. Dessa vez foi dona Enide, irmã de minha primeira professora, dona Enise. As duas eram muito semelhantes, tanto na aparência física quanto na voz. A escola era bem pequena, cercada por algumas casas que formavam uma vila que ficava em uma fazenda chamada Várzea Grande, hoje extinta. Ao lado e por trás da escola existiam muitas árvores, já que as casas não eram coladas. Em frente ficava a estrada principal que dava acesso à Usina João de Deus. Tão próxima da estrada que na hora do recreio a professora ficava com atenção redobrada com os alunos para que eles não corressem o risco de serem atropelados, principalmente em época da moagem de cana, em que o trânsito de caminhões era bem intenso. Passamos apenas um ano nessa escola e, no ano seguinte, fomos transferidas para a Escola Cícero Cabral Toledo, em Capela-Al.

Vim da roça pra cidade
Pra seguir o meu destino
Com 9 anos de idade
Logo me matriculei

Por muitas escolas passei
Bons amigos conquistei
Encontrei felicidade.

Nessa nova trajetória, começamos a nos familiarizar com a vizinhança. Fizemos amizades que até hoje não consigo esquecer. Nossos primeiros amigos foram os que moravam à direita e à esquerda da nossa casa. À esquerda, José Jovino, mais conhecido como Santo, e à direita, Quitéria, Salete e Dinho. Eles tinham outra irmã, Maria Vítor, conhecida até hoje como Lia. Ela era a mais velha e nunca gostou muito de brincar conosco. Depois começamos a agregar outras amizades rua acima: Rosileide, Toinha e Cícera, as mais lembradas. Brincávamos muito à noite de roubar bandeira, de pega-pega, de pular corda, de esconde-esconde, entre outras brincadeiras muito saudáveis na nossa época. Contudo, a que mais desperta em mim uma lembrança nostálgica era o pastoril. Eu, minhas irmãs, Arlete e Nega, Quitéria, Santo, Dinho e Salete montávamos o cenário. O camarim era um banheiro que ficava no quintal da casa à direita. Éramos as pastoras. Dinho e Santo, os bateristas. Nossas roupas eram de papel crepom de cor azul e vermelha. Tínhamos pandeiros de arame enfeitados com tampas de garrafa e com fitas coloridas. A bateria era confeccionada com latas grandes de metal e baldes de plástico, que tocados por pedaços de pau faziam barulho suficiente para que pudéssemos dançar o pastoril, acompanhando as letras que eram usadas nas festas de Natal. Lembro que brincávamos muito, até que um dia tivemos que nos mudar. Como toda criança, além da amizade, também brigávamos muito! Às vezes era por conta do ciúme que a gente tinha uma da outra. Lembro-me de que Cícera e Rosileide não gostavam quando a gente brincava com outras crianças. Era como se fôssemos exclusividade delas. Passávamos dias sem nos comunicar, mas depois ficava tudo bem. A nossa amizade foi tão marcante que até hoje existe vínculo entre nós. De todos esses amigos da rua, apenas da Cícera não tenho notícias, mas guardo-a do mesmo jeito em minhas lembranças.

Olha só quanta falta que nos faz
Para essa geração e pra futura
Brincadeiras na infância, eram candura
Que traduziram respeito e limite
Eram todas saudáveis, acreditem!
Pena que hoje já não as vemos mais
E com saudade ficaram pra trás
Fazem falta para os pais, não mais existem.

Lembram do dinheiro enterrado embaixo da terra dentro de uma lata de óleo? Pois é! Com ele meu pai comprou uma casa pequena no ano de 1974, localizada à rua Cícero Carlos, mais conhecida como "rua da telha". Era uma casa tão modesta que nela ainda existia a arquitetura de um fogão à lenha, feito de barro e com a extensão de mais ou menos um metro e meio. Com dois quartos, sala de entrada, uma pequena sala de jantar e uma cozinha, a casa daria muito bem para acomodar nossa família, agora mais segura porque passaríamos a morar no que era nosso. Com o dinheiro que ele economizou também deu para sustentar a família por um período, até quando ele conseguiu um novo trabalho.

No ano de 1975, nós nos mudamos para a casa comprada por meu pai, dando início assim, a uma nova trajetória. Ao chegarmos, desfizemos a "muda". Tudo muito simples, como já descrevi. Não tínhamos muitas posses. Nessa casa vivi muitas histórias, algumas boas e outras bem ruins. Até hoje minha história continua na mesma casa, mesmo depois de 46 anos transcorridos.

Quando cheguei nesta casa eu tinha 11 anos. Mas uma das coisas que lembro muito bem é da Escola Cícero Cabral Toledo, na qual cursei a 3ª e 4ª séries primária. Como falei antes, meu pai resolveu nos matricular na cidade. Em nosso primeiro dia, ficamos bem envergonhadas porque não conhecíamos ninguém e éramos muito "matutas". Vestidas com roupas bem humildes, porém bem limpinhas e bem cuidadas por nossa mãe. Sempre costumo dizer que sujeira não corresponde à classe social, mas sim ao o comportamento de cada um.

A professora da 3ª série era dona Jane, senhora forte, baixinha, cabelos longos e pele clara, residente à rua da Igreja. Ela era muito séria. Não me lembro de tê-la visto sorrir muitas vezes. Nas poucas vezes que a vi sorrir mal abria a boca, expressão que mal dava para ver seus dentes. Porém, muito comprometida e sábia. Acredito que cada um de nós tem uma maneira de ser e de agir, enriquecendo, assim, as diferenças sociais. Recordo-me que no final do ano ganhei dela um tecido de presente por ter sido o segundo lugar da sala. Até hoje consigo me lembrar da estampa: campo branco com flores coloridas. Fiquei, na minha simplicidade de menina do campo, muito feliz, pois acreditava que por ser do interior não pudesse ter esse privilégio. Foi uma satisfação para meus pais.

Minha professora da 4ª série foi a dona Nazaré, professora muito simples, de estatura média, pele clara e cabelos longos. Tinha um corpo bem bonito e gostava muito de usar vestidos. Ela morava no Bonfim, um bairro da nossa cidade. Era dedicada e muito amorosa com seus alunos. Na hora do recreio brincava muito com a gente. A brincadeira mais marcante era a de roda, em que todos os alunos só queriam segurar em sua mão. Inclusive eu, fazia questão de segurar em suas mãos delicadas. Quanto orgulho sentíamos no momento em que ela segurava a nossa mão! Tudo era muito saudável e mágico. Nem sonhávamos que um dia a tecnologia iria chegar e estragar tudo. Outra brincadeira era a de quatro cantos, em que utilizávamos os esteios do galpão para trocar de lugar. Poderia ter mais alunos, dependendo do número de esteio existente no galpão. No meio ficava o bobo, e ele tinha que ficar atento o tempo todo para tomar o lugar do outro enquanto trocava de lugar. Se conseguisse, o aluno que perdesse iria ser o substituto do bobo.

Que tempo bom!
O tempo das brincadeiras
Fomos crianças levadas
Mas nenhuma estragada
Pela tecnologia
Fico triste por lembrar
Que nós pudemos brincar
E hoje é o celular
O brinquedo de hoje em dia.

    Dona Nazaré de certa forma marcou a minha vida porque ela era diferente, ou seja, na hora do recreio não havia espaço para separar aluno e professor. Ela brincava com a gente como se fôssemos seus colegas de sala.

    Outra lembrança dela bem grandiosa que marcou a minha 4ª série: ganhei um colar de presente por ter sido o primeiro lugar da classe. Era um colar para gente grande, com pedras e metal, meio parecido com um coração em seu formato. Fiquei muito feliz, mas meu pai e minha mãe, mais ainda. Acredito que naquele tempo a inveja já existia, pois alguns colegas ficaram de cara fechada para mim por alguns dias, alguns até ficavam fazendo chacota comigo na hora do recreio para que eu me irritasse.

    Mas nem tudo foram flores. Eu era e acredito que ainda sou uma pessoa de um temperamento exaltado, ou seja, nunca fui de levar desaforo para casa. Alguns alunos não gostavam de mim, não sei se por inveja ou porque não gostavam mesmo. Eu sempre fui muito pequena, hoje, "baixinha". Por conta disso, lembro que sofri muito *bullying* na escola. Recebi muitos apelidos como: "nanica", "tamborete de gandaia", "galinha", "anã", entre tantos outros que me deixavam muito triste. Naquela época nem se discutia o tema nas escolas, mas já era praticado com muita frequência pelos estudantes. Lembro-me de que o máximo que acontecia com os alunos que cometiam esse ato era serem colocados de castigo pelo professor ou chamados a atenção para que não praticassem mais essa atitude.

    Recordo-me de haver brigado "no tapa" com dois alunos da escola: Dudé, filho do doceiro e Jorge, que moravam na minha rua. Não pensem que provoquei! Eles que me provocavam e me desafiavam, dizendo que estariam me esperando na hora da saída. Eu ficava morrendo de medo porque eram homens e eu apenas uma menina de 11 anos. Só para informar que não foram brigas num mesmo dia, ou seja, uma não teve conexão com a outra. Foram histórias diferentes, que estou narrando em uma única vez. Chegou a hora do sinal de saída no final da aula. Meu coração disparou. Muitos alunos já haviam sido comunicados sobre a briga e ficaram numa expectativa só! A gritaria começou: "Vai apanhar! – Vai apanhar!" Meu Deus! Ninguém para me defender. Porém, na hora da briga surpreendi todos. A primeira coisa que o Jorge fez foi direcionar um chute em mim. Segurei-o pela perna e ele caiu. Quando caiu, subi em cima dele e comecei a bater. A diretora chegou e ainda deu uns cascudos nele, porque achava que eu estava apanhando por ser mulher, quando foi o contrário. Ela o segurou pelo braço e o levou até a secretaria. Enquanto isso, os alunos começaram a gritar zombando dele: "Apanhou! – Apanhou! – Apanhou!". Foi uma gritaria só. Eu saí correndo para casa com medo de ele querer se vingar de mim junto aos colegas. Mas isso não aconteceu. Cheguei em casa "caladinha" com medo de o meu pai saber, porque se soubesse eu levaria uma "surra". No outro dia, quando voltei à escola, Jorge nem para mim olhou. Acredito que dona Arastina, a diretora, deve ter lhe dado uma boa lição de moral. Depois de algum tempo, acredito que pode ter sido antes ou depois, houve outra briga com o Dudé, mas não consigo lembrar muito bem. Só sei que não apanhei também. Houve até quem usasse a seguinte expressão: "Nanica danada!". Mas não pensem que eu sou briguenta, era porque eles me desafiavam e como já disse, não costumava levar desaforo para casa.

Na minha memória, não consigo apagar as lembranças das colegas que conquistei na escola: Solange, Concília e Vitória. As duas últimas hoje estão fora do Brasil. Vitória, olhos bem claros, quase verdes, era a mais próxima a mim. Certo dia no galpão da escola ela me fez um desafio: "Vamos brigar para ver quem apanha? É de brincadeira!" Eu olhei para ela e disse que não queria. Ela falou: "Está com medo? Você sabe que apanha". Acredito que a segurança dela era pelo seu tamanho, pois indiscutivelmente era bem maior do que eu. Claro que eu poderia entrar em desvantagem! Mas topei o desafio. Começamos a briga. No início foi apenas brincadeira, mas como os alunos começaram a gritar, a briga começou a ficar séria. Eles gritavam tanto que parecia combustível para acender a nossa rivalidade. Briga de mulher começa quase sempre pelos cabelos. Ficamos tão despenteadas que parecíamos duas bruxas. Lembro-me até hoje de que passei as unhas na cara dela. Ficou correndo uma água de sangue que depois me deu remorso. Fomos as duas para a secretaria da escola e recebemos uma suspensão de três dias. Fiquei muito triste, pois Vitória era a minha melhor amiga e, a partir daí, ficamos sem nos comunicar por algum tempo. Depois, voltou tudo ao normal. Mas que fique bem claro! Eu não apanhei. Não tem um ditado que diz que tamanho não é documento? Pois é! Nunca levei desaforo para casa e sou assim até hoje. Gostaria de deixar aqui registrado que isso tudo não me trazia nenhuma satisfação. Eu apenas me defendia das ofensas que, graças a Deus, ainda tinha coragem para enfrentar tudo o que eles me faziam. Tudo por causa do *bullying*, palavra desconhecida na época. Para eles eu era a marionete frágil e desprotegida pela pequena estatura que tinha, motivo de chacota e humilhação. Ou talvez isso tudo tenha sido provocado pelo fato de ter sido escolhida como "aluna destaque" por dois anos seguidos.

Bullying não é brincadeira
Não tem graça pra ninguém
Fico triste por lembrar

Que o tema não existia
Mas pude experimentar
E com tristeza guardar
As chacotas que ouvia.

    Paralelamente aos estudos, eu crescia em minha querida rua da Telha, onde havia muitas meninas. Porém, não me lembro de nenhuma brincadeira que eu tenha participado com elas. Primeiro porque meu pai não permitia que a gente ficasse na rua e, segundo, porque não houve uma relação estreita com elas no começo. Só mais tarde foi que essa relação começou a se construir.

    Depois de certo tempo, meu pai entregou o trabalho do campo e começou a vender na feira. Na verdade, essa sempre foi a vontade dele desde que deixou a vida do campo e veio para a cidade. O primeiro negócio foi uma banca de miudezas: perfumaria, utensílios domésticos, entre tantas "bugigangas" que não dá para lembrar de todas. Depois agregou uma banca de roupas. Acredito que meu pai nasceu para os negócios, porque algum tempo depois ele começou vender carne de boi, porco e carneiros. Enquanto ele ficava na tarimba para vender as carnes, eu e minha mãe tomávamos conta das bancas na feira. Podem acreditar! Eu "acabei de me criar" indo para as feiras com meu pai. O trabalho infantil naquele tempo era outro tema que não se discutia na sociedade, pois de acordo com o modelo de educação da época, os filhos tinham que trabalhar e ajudar a seus pais, rompendo com cultura de exploração infantil, afinal quando uma criança trabalhava, muitos acreditavam que ela estava se preparando para alicerçar o seu futuro, desde que esta estivesse na escola. O que para mim não deixa de ser verdade, pois nos dias atuais assistimos ao grande espetáculo do "ter" e não do "ser", em que os filhos tudo tem e nada querem. Os pais deixam de atender às próprias necessidades para atender às necessidades dos filhos, nem que fiquem devendo o último centavo. Essas necessidades se referem ao design mais sofisticado na marca de celulares e equipamentos eletrônicos. A onda é disputar qual o aparelho mais potente entre o grupo de amigos.

Durante o período ginasial, após ter concluído a 4ª série primária, tive o privilégio de estudar na Escola Cenecista Maria Imaculada, que tinha como sede a atual Escola Torquato Cabral, visto que não havia no período outro local disponível. Era tudo pago, pois não existia nível médio gratuito naquela época. Meu pai fez um esforço muito grande para manter as três filhas matriculadas na escola, inicialmente, eu e minha irmã mais velha, Nega, já que a mais nova ainda estava cursando o primário.

Fiz todas as séries na escola citada, da 5ª a 8ª. Fui muito feliz naquele lugar. Comecei o ginásio com 12 anos. Que escola maravilhosa, o Torquato Cabral, sede da escola Cenecista Maria Imaculada! Recordo-me muito bem do diretor, José Vânio de Barros Morais, homem sério, alto, robusto e que costumava ficar no portão de entrada para averiguar se os alunos estavam fardados e, também, se estavam usando meias pretas e kichutes, um tipo de tênis preto que hoje não existe mais. A disciplina era bem rigorosa! Logo no início, eu estranhei muito por ser recatada e por não conhecer ninguém naquele local.

Depois fui me adaptando, fazendo amizades e também cometendo travessuras como todo estudante. Ao lado da escola tinha um cinema, mais conhecido como Cine Ceci. Lembro que algumas vezes fugíamos da escola para assistir aos filmes que estavam em cartaz. Era emocionante, porque meu pai, por ser muito rígido, de uma educação tradicional que não permitia que suas filhas fossem criadas "soltas", essa era a expressão que ele usava. Assim sendo, quando conseguíamos fugir às regras era muita adrenalina.

Antes de começar o filme sempre tocava uma música que lembro até hoje: *O milionário* do grupo Os Incríveis. Quando tocava a música, ficávamos eufóricas, eu e mais umas duas colegas: Lígia e Celiane. Sendo que nossa motivação para fugir vinha dos meninos. E começava o filme! De repente a fita estourava e começava a gritaria. O senhor que rodava o filme, era conhecido por todos da cidade como "Caçolão". Todos gritavam: "Caçolão!" E começava a esculhambação. Coitado! Estava apenas cumprindo com sua obrigação. Dessa época, o único filme que guardei na memória até hoje foi *Menino da porteira*, um filme muito triste e que me fez chorar muito. Lembro também de um senhor, seu Pedro roleteiro. Tinha esse nome porque vendia "roletes" de cana na porta do cinema, rodelas de cana cortadas, por isso o nome, enfiados em uma espécie de palitos confeccionados com pedaços de bambus.

No outro dia, a escola toda já sabia que iríamos levar suspensão. Eu em particular não me incomodava tanto com a suspensão, mas temia muito que meu pai descobrisse essa travessura, porque, dele sim, eu tinha muito medo. Ao entrarmos na escola, José Vânio, o diretor, olhava para os alunos que fugiram para o cinema e dizia: "A gente conversa já!". Não dava outra! Quando a aula começava, passava um tempo e nada, pensávamos até que ele havia esquecido. Que nada! De repente ele aparecia, chamava os envolvidos e nos encaminhava até a secretaria da escola. Chegando lá, dava-nos uma lição de moral e nos mandava para casa. Quem disse que eu ia? Ficava passeando na rua até dar a hora da saída dos alunos, para que eu pudesse ir para casa com eles, com medo do meu pai desconfiar. O mais interessante é que não lembro de a direção ter mandado chamar os pais para falar sobre o assunto, o que me deixava bastante tranquila, pois no outro dia eu ia para a escola do mesmo jeito. Não entrava, mas ficava aguardando a aula acabar para voltar para casa mais uma vez com os colegas. Nessa época, eu tive três amigas com as quais me identifiquei muito: Cândida, que morava na minha rua, Ligia, na Usina João de Deus e Celiane, que morava na Rua da Cacimba. Das três, eu era mais ligada à Cândida, menina recatada e muito religiosa que jamais cometeu um deslize na escola.

Os trabalhos passados feitos pelos professores eram sempre compartilhados por nós duas. Às vezes quando a equipe era maior, envolvíamos outros colegas. Todos os dias antes de começar a aula, nós íamos visitar a igreja que ficava bem próxima à escola. Era como se fosse um compromisso nosso. Isso durou desde o ginásio até o magistério, pois nunca nos separamos. Celiane era a mais linda! Cabelos bem pretos e longos e um sorriso de dar inveja a qualquer uma de nós. Era bem magrinha. Ela já era um pouco diferente de Cândida porque já topava fugir às regras da escola para me acompanhar ao cinema.

Lígia era uma menina meiga, tímida e de estatura baixa. Seu corpo era forte, mais para gorda, porém muito bem feita de corpo. Acredito que das três eu era a mais feia. Sentia uma certa rejeição dos meninos, porque mesmo os que eu mais paquerava sequer olhavam para mim. Mas lembro do Carlos, filho do balanceiro da Usina João de Deus, meu primeiro namorado por uns dias. Garoto muito bonito e que era bastante cortejado pelas meninas. Eu o paquerava às escondidas, ou seja, apenas eu sabia dessa paquera e mais ninguém. Era do tipo amor platônico que fica escondido e apenas um sabe de sua existência.

Um dia resolvi abrir o jogo para uma amiga e ela não segurou a língua e contou para ele. Foi aí que ele começou a se aproximar de mim, mas eu morria de vergonha. Posso dizer que havia inocência naquela época, porque quando ele me deu o primeiro beijo eu quase morri. Mal dormi à noite, pensando que tinha feito alguma coisa feia. E, também, como eu iria olhar para a cara dele no outro dia na escola. O dia demorou a passar, mas não me saía da cabeça como eu iria encará-lo. Enfim, chegou a hora. Quando eu estava indo para a escola o encontrei em uma avenida muito antes da escola. Olhei para ele e disse: "Nem pense que você vai fazer comigo o que você fez ontem!" Como ele já era experiente, e eu recém-chegada da fazenda, logicamente que existia entre nós uma diferença enorme. Ele olhou para mim e disse: "O que foi que eu fiz?" Respondi: "Você me beijou!". Ele disse: "O que tem isso?". Nosso namoro não demorou quase nada. Foi como chuva de verão, até porque descobri que ele tinha outra namorada e que também estudava na Escola Cenecista. O nome dela era Benedita, menina linda e que ficou com muita raiva de mim.

De todas as amigas citadas, eu tinha uma qualidade que nenhuma delas tinha: eu era muito inteligente em matemática. Havia uma disputa muito grande na sala de aula. Lembro que havia duas garotas, a Juscileide, filha do Sr. Milton Eloi e Etilene, filha da D. Bedi, mulher linda e elegante e que se elegeu vereadora por diversas vezes no município de Capela. O professor era o inesquecível José Vânio, e também o diretor da escola. De todos os professores de matemática que tive, ele com certeza foi o melhor. Quando aplicava uma questão no quadro tinha a mania de me convidar para resolver. As que mais consigo lembrar: equação do segundo grau e expressões numéricas. Eu aceitava o desafio e se não aceitasse tinha que ir do mesmo jeito.

Em minha memória consigo visualizar aquelas questões tão longas que, ao serem respondidas, alcançavam o final do quadro. Eram tão longas, mas ao final apenas uma incógnita fechava a questão. Eu era tão miúda que ele olhava para mim admirado e sorria. Jamais esquecerei aquele sorriso de aprovação. Meus colegas ficavam impressionados comigo, tanto que muitas vezes dei aula em minha casa para todos os que apresentavam dificuldade nessa disciplina. Quando ele entregava a prova após a aplicação e já corrigida, as duas colegas de sala, Juscileide e Etilene se viravam para mim e perguntavam: "Tirasse quanto?" Eu respondia: "Diga primeiro!". Quando a minha nota era maior que a delas eu sentia a mudança no seu semblante, como se ficassem tristes por não terem alcançado a maior nota. Elas eram de uma classe social na época considerada alta, enquanto eu, uma pobre vendedora de feira, mas com uma inteligência matemática acima das expectativas, provando para todos que a inteligência não tem classe. Na hora da prova corri riscos, chegando a trocar a minha com a de alguns colegas, como Celiane e Lígia que precisavam de muitos pontos para passar. Depois que eu conseguia responder a prova das minhas amigas, sempre dava um jeito de devolvê-las sem que o professor percebesse.

Falo aqui do famoso Cenecista

Que construiu um legado em sua história

Muitos daqui o carregam na memória

Tinha guerreiro, folguedos, pastoril

Lá em Olímpia, esse grupo juvenil

Pela escola, lindo se apresentava

Com maestria, seus alunos dançavam

Se teve igual, em Capela ninguém viu.

Nesse período, quando ia chegando sexta-feira, já ficava triste, pois tinha que acordar de madrugada para acompanhar meu pai à feira de Viçosa, em Alagoas, que acontecia todos os sábados. Às 3 horas da manhã ele já estava me acordando para acompanhá-lo, em cima de um caminhão que carregava os feirantes. Lembro-me de alguns motoristas que nos transportaram nesse período, Ivanildo (já falecido), esposo da dona Zeza da papelaria e Zinho, esposo da Simone professora. De um dos carros eu me lembro muito bem, o do Zinho, amarelo e um pouco desgastado pelo tempo. Em algumas vezes eu tive o privilégio de ir dentro da cabine, porém na maioria das vezes eu seguia em cima como todo mundo, até porque a cabine já era reservada para a dona Augusta, uma senhora já idosa que vendia condimentos, chás, ervas e outros tipos de bugigangas. Na ida, tudo bem! Mas quando voltávamos à tarde após a feira, eu morria de vergonha quando entrávamos na cidade, mais precisamente quando o carro parava em minha porta para que descêssemos. Eu, tão cansada, com sono, mas no fundo com um grande satisfação por ser considerada por meu pai a mais inteligente e a mais confiável para os negócios, apesar da pouca idade. Raramente eu era substituída por minhas irmãs, mas quando isso acontecia, eu já ia dormir muito feliz e aliviada por não ter que acordar cedo.

Às vezes, quando chegávamos em Viçosa ainda estava escuro. Meu pai armava a banca e pedia que eu fosse dormir embaixo enquanto o dia clareava. Ao amanhecer, por volta das seis horas, ele me acordava e pedia que eu fosse lavar o rosto em um banheiro que ficava bem próximo. Após, quando levávamos uma garrafa de café, meu pai comprava alguma coisa para a gente comer, como bolo, pão ou outro tipo de alimento; quando não, ele comprava comida em uma banca que ficava logo em frente.

Quando a feira começava, ou seja, quando as pessoas iam chegando, a gente ficava na expectativa das vendas. Em alguns sábados a feira era ótima, em outros, a gente não vendia quase nada. Eu ficava triste e preocupada com o meu pai porque ele tinha que pagar o frete do caminhão e a nossa comida, mas muitas vezes o dinheiro mal dava para pagar as despesas. Era uma luta. Foi uma luta. Não tive juventude.

Aos domingos e segundas era a mesma coisa: acordar cedo para ir vender na feira. Aos domingos, na feira de Capela, às segundas, na feira de São Miguel. Na feira de São Miguel eu não tinha que ir semanalmente. Eram raras as vezes que meu pai me levava. Com o tempo meu pai passou a ter uma tarimba, onde vendia carne bovina aos domingos. Assim sendo, na feira de Capela, as bancas ficavam por minha conta e de minha irmã mais nova, Arlete. A Nega, irmã mais velha sempre foi a mais privilegiada. Sempre acordava mais tarde junto à minha mãe. Quando elas chegavam à feira, já estava tudo pronto.

Nessa época, havia muitos bailes nos clubes Paladinos e Capelense. Eu já havia crescido e, por que não dizer, já era uma moça. Quando íamos para a feira de madrugada eu ficava torcendo para que o baile não terminasse antes de passarmos na ponte que dava acesso a cidade. O motivo era a vergonha que eu sentia de encontrar alguém conhecido, mas principalmente algum paquera.

Relembrando o clube Capelense

E também o famoso Paladinos

Quanta gente cruzou os seus destinos

Lá nos bailes que hoje não há mais

Quando lembro até hoje dói demais

Porque os dois eram pra sociedade

Divisão entre as classes da cidade

Pobres e ricos eram como água com gás.

Quando montávamos a nossa barraca na feira e ficávamos aguardando o dia amanhecer, mesmo que não encontrássemos nenhum paquera na ponte que cortava o rio Paraíba, eles passavam por lá e ainda paravam para conversar. Que vergonha eu sentia! Até hoje sinto certa frustração por nunca ter curtido a minha juventude. Além da feira que não me dava esse direito, meu pai jamais permitia que passássemos a noite fora, mesmo quando o dia da feira era mudado de domingo para sábado, por conta de algum feriado, nem assim nós tínhamos esse direito. Lembro-me de que participei de um baile cigano quando ainda cursava o ginásio e eu e minha irmã Arlete fomos membros da dança, mas para isso acredito que até o Papa teve que pedir para ele liberar. Não condeno meu pai por ter nos criado dessa forma, impondo limites, pois com isso, ajudou-me a ir em busca do caminho estreito.

> *Relembrando aqui nossa cultura*
> *Festa da Cana e dos grandes carnavais*
> *Bailes nos clubes, contam os ancestrais*
> *Que tinha desfile da rainha da cana*
> *Pela cidade, nas ruas em caravana*
> *Representando a cana-de açúcar*
> *Infelizmente, hoje ninguém desfruta*
> *Porque usinas aqui não temos mais.*

Ao concluir o meu curso ginasial, fui estudar no município de Atalaia, estado de Alagoas, cursar o magistério, pois era o lugar mais próximo e mais acessível para todos os alunos que moravam em Capela, até porque não havia nenhuma escola em nosso município que ofertasse o segundo grau. Deixo aqui registrado que tudo era pago: o ônibus, a mensalidade, livros e fardamento. Para quem era pobre, certamente pesava no bolso. Principalmente para quem vivia de negócios como meu pai, uma vez que os recursos não eram fixos mensalmente e dependia das vendas realizadas. Até hoje sou grata porque trabalhei na minha infância e juventude, entendendo que isso serviu para que eu valorizasse as coisas conquistadas com esforço. Mas que fique aqui bem claro: meu pai nunca esqueceu de assumir o compromisso de nos manter sempre matriculadas na educação básica.

A empresa de ônibus que nos transportava para a cidade de Atalaia era a Santa Luiza, cuja função principal era transportar passageiros do interior para a capital do estado, Maceió, pois nessa época, era o único transporte disponível. Na época sequer existia a possibilidade de transportes alternativos. Quando o ônibus chegava, por volta das 17 horas, ficava estacionado em frente à garagem aguardando o horário para levar os estudantes até o município de Atalaia. Tivemos vários motoristas ao longo dos três anos, mas lembro-me apenas do Edson e de seu Maneco, assim como eram conhecido por todos. Edson era um rapaz galego e mal-humorado que ficou conosco muito pouco tempo. Mesmo assim, ainda houve um relacionamento entre ele e uma amiga minha, a Alda Marcelino, também muito malcriada. Certo dia, os dois tiveram uma briga na presença de todos os alunos antes de retornarmos para casa, por volta das 22 horas. Como Alda era muito nervosa, deu-lhe uma mordida na bochecha que deixou todo mundo estarrecido. Foi um reboliço danado! Alguns alunos ficaram do lado do motorista, outros do lado de Alda. Após o acontecido, Edson provavelmente pediu para ser transferido, pois no outro dia já não estava mais conosco.

Seu Maneco era um senhor já de idade, cerca de 60 anos e que morava bem próximo à minha casa. Ao lado de sua residência ficava a garagem onde o ônibus era guardado. Ficou conosco um longo tempo, acredito que quase todo o período que cursei o magistério na cidade de Atalaia. Era muito pacato e também muito querido por todos os estudantes por sua delicadeza. Como me lembro da sua serenidade e gentileza no tratamento com todos os que utilizavam o transporte! Era muito paciente e tolerante com as algazarras que aconteciam todas as noites nas idas e voltas com os estudantes. Jovens eufóricos, tímidos, risonhos, intolerantes, brincalhões. Lembro-me até hoje da gargalhada da minha irmã Nega, que era a grande atração do ônibus. Sua risada era fora do normal, pois despertava em todos a vontade de rir também, por ser uma risada estridente e que chamava muita atenção pela naturalidade com que ela conseguia gargalhar. Havia até quem cobrasse dela essa risada, quando ficava introvertida por algumas vezes. Outra grande atração era a presença de minha amiga Cátia Braz, moça alegre e extrovertida que encantava a todos nós com as músicas cantadas e que eram acompanhadas por todo o grupo. Lembro-me perfeitamente da música de Tetê Espíndola, "Você pra mim foi o sol" e da música "Paralelas", de Vanusa, que quando cantadas por ela, causava uma grande alegria em todos que ali estavam no transporte naqueles dias. Sem contar que ela também, além das músicas, fazia muitas piadas e brincadeiras que ninguém conseguia ficar desanimado. Até hoje ela é assim, pois ainda mantenho contato com ela atualmente e em qualquer momento ela transborda muita energia e uma alegria incontestável. Outra grande atração no ônibus era o Lula, irmão de Cátia Braz. Muito brincalhão e cheio de resenhas. Parece que o destino cruza o caminho das pessoas sem que elas percebam. Ele sempre costumava fazer brincadeiras com uma vizinha de sua casa, que também estudava, a Dorinha. Ela ficava muito aborrecida. Passou a dizer que queria casar com ela, que era sua namorada, que queria ir sentado ao seu lado para a escola. Enfim, ela ficava uma fera! E todos riam muito, porém, como já disse, o destino é inesperado. E os dois começaram a namorar de fato. Era um namoro muito sério, tão sério que resultou em casamento. Até hoje os dois estariam casados e muito felizes com suas filhas e netos... Até que a morte os separe! Foi o que aconteceu em abril do ano de 2021, infelizmente! Ele foi acometido por um câncer no fígado.

Nessa história de idas e vindas eu também me apaixonei pelo meu vizinho, José Everaldo, conhecido como Gringo, também estudante. Era uma espécie de amor platônico, pois ele nem sonhava de meu interesse por ele. Olhava para todas, menos para mim.

João amava Teresa que amava Raimundo
que amava Maria que amava Joaquim que amava Lili
que não amava ninguém.

> *João foi para os Estados Unidos, Teresa para o convento, Raimundo morreu de desastre, Maria ficou para tia, Joaquim suicidou-se e Lili casou com J. Pinto Fernandes que não tinha entrado na história.*
>
> (Carlos Drummond, 1930)

E foi assim. Ele se apaixonou por Catarina, uma bela jovem estudante, que usava uma roupa nova todos os dias, considerada filha de pessoas da alta classe, diferente de mim, que só usava farda. Em relação a ela eu me sentia muito inferior, como se fosse água com gás. Apesar disso, nem ela nem ele podiam imaginar meu sentimento platônico, o que de certa forma a isentava da culpa por não saber de nada. Até fazia alguns trabalhos em sua casa quando era em equipe. Quando ela faltava à aula eu dava graças a Deus porque ele ficava sozinho e até sentava comigo algumas vezes. Meu coração disparava porque o ônibus viajava sempre com a luz apagada na volta. Se fosse nos dias de hoje, com essa juventude desenfreada, com certeza me atiraria em seus braços fazendo declarações. Morri por dentro, mas nunca tive coragem. Sempre tive dedo podre no amor, ou seja, nunca tive muita sorte. Para se ter uma ideia, certa vez fomos a um baile escondidas, eu e minha irmã Arlete, na cidade de Atalaia, acompanhadas da irmã dele, Sônia, e seu namorado, Humberto e ele, claro. Fui tão emocionada acreditando que daquela noite não passava e que ele ficaria comigo. Tive a maior decepção da minha vida. Quando olhei, ele estava beijando a minha irmã e sequer olhou para mim. Ao retornarmos ele ficou com ela e eu fui dormir muito triste.

> *Quantas dores já vividas*
> *Quantas noites mal dormidas*
> *Esperando por você*

Sem saber qual era a hora
E sem saber qual era o dia
De você aparecer.

Quanto à minha permanência no magistério durante os três anos na cidade de Atalaia fiz amigos, conquistei espaços, mas sempre rodeada por regras e limites estabelecidos por meu pai. Durante as aulas sempre tive destaque na apresentação dos trabalhos e no estágio realizado. Há um ditado muito popular que diz: Sorte no trabalho, azar no amor!

Paralelamente aos estudos, tinha minha vida pessoal com amigos que conquistei ao longo dos anos, principalmente na rua da Telha, onde morava já há algum tempo, além dos que constituí na escola. Cândida Bastos era uma delas. Bem magrinha, pela branca, cabelos lisos e rosto bem rosado sempre foi a minha amiga mais íntima. Primeiro porque cursamos o período ginasial juntas e, segundo, porque morava bem próximo da minha casa e fazíamos o magistério na mesma sala de aula, na cidade de Atalaia. Todas as noites, antes de pegarmos o ônibus, passávamos antes na igreja matriz de Nossa Senhora da Conceição para fazer uma oração. Por conta do horário, saíamos mais cedo de casa para que desse dar tempo de cumprir a nossa missão. Cândida foi uma menina criada em um regime disciplinar muito rigoroso, assim como eu. Talvez por conta disso, era muito religiosa, assim como o é até os dias atuais. Em quase todos os trabalhos da escola estávamos sempre juntas. Na maior parte, na casa dela porque a minha era tão pobre que eu tinha vergonha de receber meus amigos. Lembro até hoje do doce de laranja que dona Inezita, sua mãe, servia na hora do lanche. Como dona Inezita era meiga! Parecia uma criança de tão franzina que era. O que não correspondia nada com o seu esposo, seu Geraldo, homem de uma estatura considerável em relação a ela.

Além de Cândida, eu tinha muitas amigas que moravam na mesma rua, pois naquele tempo existiam muitas moças no lugar: Sônia, Concelsa, Concília, Solange, Mariquinha, Zefinha, Veroneide,

Vânia, Eliane, Luzia, Tânia, Gilvânia, Luiza, Luzia, Cátia, Maria, Dôte, Fia, além de mim e minhas duas irmãs, Arlete e Nega. Quando todas se juntavam era uma festa. O interessante é que todas só gostavam da calçada da minha casa para bater papo durante a noite, com horário estabelecido para voltar para casa, no máximo às 22 horas. Após o café elas começavam a chegar. Eram tantas que às vezes não cabia na calçada da minha casa. Algumas ficavam no calçamento da rua. Meu pai era muito ignorante, mas nunca reclamou. Acredito que ele achava bonito tantas moças reunidas de forma saudável para conversar, sorrir, contar histórias, falar de namorados, enfim, era tudo muito natural. De vez em quando convidávamos um amigo de minha irmã Arlete que tocava violão, Cícero Nazário. Lembro que era uma das noites mais animadas porque nós cantávamos na calçada, acompanhadas do violão sem nenhuma maldade. Naquele tempo eu e minhas amigas nunca tínhamos ouvido falar em drogas. Violência era zero, tanto que voltávamos do clube Paladinos, nas poucas vezes que fui, de madrugada e a pé, passando sempre pela ponte que cortava o rio Paraíba. Fui do tempo que mesmo jovem ainda era possível brincar de roda, pular corda, esconde-esconde, rouba bandeira, entre tantas brincadeiras que não nos causavam nenhuma vergonha, pelo contrário, causavam muita satisfação.

 Hoje, mesmo depois de algum tempo, muitas delas continuam morando na mesma cidade e mantendo contato umas com as outras. Algumas se distanciaram, foram morar em outras cidades, mas graças a Deus todas estão vivas.

> *Ah! Que saudade que tenho*
> *Das amigas de outrora*
> *Das conversas na calçada*
> *Das moças apaixonadas*
> *Tempo bom, que foi embora!*

O tempo foi passando e cada uma foi seguindo por rumos diferentes, pois muitas se casaram e tiveram que seguir por caminhos diferentes. Acredito que eu fui a última que me casei. Nunca tive muita sorte com namorados. Todos os meus paqueras olhavam para todas, menos para mim. Sentia-me muitas vezes rejeitada. Até para a minha irmã eles olhavam e demonstravam interesse por ela. Mas um dia o destino colocou no meu caminho o pai de minhas filhas. Casei-me com ele, mesmo não sendo muito do consentimento de meu pai, pois ele acreditava que ele não era a pessoa certa para mim por apresentar um comportamento na rua onde morava muito rebelde. Porém, toda moça acha que está casando com o príncipe encantado e que a vida a dois será sempre um mar de rosas. Na verdade ele já tinha dado sinais de que não prestava ainda quando solteiro. A gente brigava muito.

Certo dia, caí no conto de fadas e perdi a virgindade com ele, mesmo antes de casar. A partir daí ele passou a se comportar como se fosse meu dono. Como naquela época, por volta do ano de 1987 tudo era escândalo para as mulheres impuras e meu pai era muito rígido, submeti-me a muitas coisas, inclusive fazer sexo com ele contra a minha vontade. Lembro-me de que um dia ele pegou nos meus cabelos e forçou uma relação sexual comigo, como se eu fosse propriedade dele. Claro que isso foi um estupro! Mas eu morria de medo de contar para alguém e ficar falada. Com isso, fui levando a relação até o dia do casamento. Eu o achava muito frio, pois fazia tudo isso comigo e no outro dia aparecia como se nada tivesse acontecido.

Chegou o bendito dia do casamento, mas podem acreditar que eu fugi muito desse dia. Ele marcava a data e eu sempre adiando, remarcando, até que não deu mais para fugir. Mesmo porque, nessa época de represálias da sociedade, era para dar graças a Deus o rapaz querer casar com a moça após tirar a sua virgindade, pois muitos após cometer o ato sexual com a virgem as abandonavam. Após o casamento, fomos para uma casa vizinha que nos emprestaram. Na noite de núpcias ele friamente olhou para mim e disse: "Tire a roupa!"

Eu senti uma tristeza tão grande, pois sonhei com um momento sem imperativos, onde tudo poderia acontecer naturalmente.

Posso confessar para vocês, leitores, que durante oito anos de casamento eu só tive orgasmo com esse cara duas vezes. Sexo para mim nunca foi uma coisa boa. Minhas amigas conversavam e eu ficava só ouvindo relatarem a sensação que sentiam com seus companheiros. Aquilo para mim parecia um mundo bem distante! Eu ficava fascinada com as narrativas, porém não sabia muito do que se tratava.

No ano de 1988 engravidei da minha primeira filha, Silvelâne Melo, mas nem eu sabia que estava grávida. Certo dia estava acontecendo um arraial em minha rua. Ele estava bêbado e me chutou no meio de todos. O público ficou indignado com a situação. Só depois descobri que estava grávida da minha pequena. A partir daí foram histórias horrendas: correr atrás de mim com espingarda, quebrar litro de bebida e esfregar na minha cara, encostar-me na parede e prometer matar a mim e a minha filha que ainda estava na barriga, chegar de madrugada e ficar me provocando, correr atrás de mim na rua para me bater, enfim, vivi durante oito anos de minha vida um grande filme de terror.

Após sete meses do nascimento da minha primeira filha, engravidei da segunda, Saniele Melo, pois me diziam que se eu tomasse anticoncepcional o leite secava. Como ela só mamava e não comia mais nada, exceto suco de laranja lima, eu na minha inocência fiquei grávida. Mas foi bom porque criei as duas quase na mesma fase e ao mesmo tempo.

Do casamento frustrado

Não posso só reclamar

Dele vieram minhas filhas

De quem posso me orgulhar

Elas são bem preciosas

E completam minha história
Nesse livro de memória
A Deus vou glorificar.

Sempre trabalhei fora desde solteira. Ingressei na área da educação no ano de 1986. Minhas filhas foram criadas pelas mãos de babás que muitas vezes eu nem conhecia. Para mim só havia duas opções: ou abandonava o emprego para cuidar de minhas filhas ou continuava trabalhando e as entregava nas mãos de pessoas estranhas. Foi o que fiz porque precisava muito do meu emprego. O salário era muito baixo e eu tive que me virar para complementar a renda sendo manicure e cortando cabelo. Certa vez, minha filha mais nova pegou uma infecção intestinal gravíssima devido a mamadeiras mal lavadas. Para vocês terem uma ideia, ela foi internada com 5 meses e só voltamos para casa quando ele tinha 7 meses. Sofri tudo que uma mãe pode sofrer por um filho. Durante esse tempo tão difícil de minha vida meu excelentíssimo esposo aprontou tudo o que podia em minha ausência. Só aparecia para visitar a filha com cheiro forte de bebida. Isso quando aparecia! Certo dia, vim em casa visitar minha filha mais velha, Silvelâne, quando descobri que ele estava namorando. Tivemos uma grande discussão e ele quebrou um copo em minha cabeça. Fui direto para o hospital pontilhar a cabeça. Voltei no dia seguinte à clínica em Maceió, onde minha filha ficou internada sob os cuidados de uma grande amiga que conheci lá, com a cabeça marcada por um esparadrapo branco e morta de vergonha! Passei oito anos de minha vida sendo humilhada com medo de me separar e por medo de represálias da sociedade ou por falta de amor próprio.

Outro fato marcante em meu casamento foi quando morávamos na mesma casa, junto ao meu pai. Vocês imaginam um inferno? Meu pai bebia muito e meu marido também. Havia dias que eu achava que ia enlouquecer. Quando eu repreendia meu pai, ele dizia: "Olhe seu marido!" Quando eu repreendia o marido, ele dizia: "Olhe seu pai!" E assim fui levando até que chegou o dia da separação.

Certo dia, ele chegou bêbado e discutiu muito comigo me forçando a entrar no quarto, puxando pelo meu braço. Como meu pai estava em casa, viu aquela situação e começou a discutir com ele para me defender. Parecia que ele estava louco, porque correu para a rua e lançou um paralelepípedo sobre a porta de entrada da casa com a finalidade de atingir meu pai. Mas Deus o deu livramento. Essa foi a gota d'água que estava faltando. Nos separamos para sempre! Mas o filme não acaba aí, pois meu pai continuou morando comigo, bebendo muito, até o dia em que ficou muito doente e morreu no ano de 1998. Passei uns dois anos sem sair de casa, sofrendo muito com a morte de meu pai. Após a sua morte, continuei morando na mesma casa com minhas duas filhas.

Começa uma nova história em minha vida. Conheci a liberdade que nunca tive quando solteira e nem quando casada. Após todos os acontecidos, comecei a participar de todos os shows das bandas mais famosas existentes na época: Mastruz com Leite, Cavalo de Pau, Limão com Mel, Magníficos, Tropicália, entre tantas outras que despertaram em mim muita alegria. Principalmente quando na cidade vizinha, Cajueiro/AL, era realizado um grande evento de bandas musicais, Lengo-Tengo. Tive a oportunidade de assistir durante os anos em que o evento aconteceu outros grandes fenômenos da música, como: Titãs, É o Tcham, Chiclete com Banana, Zezé Di Camargo e Luciano; enfim, foram momentos que jamais esquecerei enquanto viver.

Minhas amizades eram diversas: casadas, solteiras, separadas. Mas não posso deixar de citar aqui as que mais se fizeram presentes na minha nova vida "de liberdade": Célia Rita, Regina Medeiros, Fátima Medeiros, Micheline Borges, Angélica Cavalcante, Cátia Braz, Rosário Medeiros, Maria do Carlinhos, Rita Sílvia, Heliodalva, Socorro Arruda, Marluce Ventura, Andreia Ventura. Ah! Como elas me fizeram feliz! Foram tantas aventuras no Clube Paladinos em bailes, boates, shows. Rodadas de cerveja nas casas de Rita Sílvia, Marluce Ventura, Célia Rita, Cátia Braz e, logicamente, em minha casa. Acho que experimentei de tudo o que não pude ter em minha juventude, menos drogas, que graças a Deus nem ouvíamos falar. Era tudo muito saudável, mesmo sabendo que a bebida também é uma droga para quem não sabe a dosagem certa. Mas posso aqui confessar: era uma vida vazia. Sempre estava faltando algo. Acredito que sempre estaremos insatisfeitos, por mais que tenhamos algumas carências supridas, sempre aparecerão outras. O ser humano parece estar sempre buscando a perfeição e a satisfação em tudo o que costuma realizar, simplesmente porque são as coisas mundanas que parecem fazer mais sentido na vida das pessoas do que Deus. Quando Ele for o motivo da nossa satisfação, com certeza seremos bem mais felizes.

Durante o período em que fiquei separada tive alguns casos amorosos. Foram tantas decepções, tantos desencontros, tantas enganações que passei a não acreditar mais em homem nenhum, mais precisamente no amor. Achava que esse não foi feito para mim. Sempre tive a sensação de rejeição, de feiura, de falta de sorte. Às vezes encontrava alguém que parecia ser a metade da laranja, mas quando me dava conta, via que essa metade estava estragada, podre. Foram tantos amores frustrados, tantos desenganos. Mas eu acreditava que a marca desses desencontros estava na própria sorte que só trazia para mim homens muito mais jovens. Juro que eu não queria! Eles que apareciam demonstrando interesse por mim. Dava até vergonha, porque parecia que era eu quem escolhia. Ao contrário! Tinha o sangue doce para homens mais jovens, como costumava dizer minha mãe. Porém, os mais velhos que encontrei fizeram a mesma coisa: davam a sensação de que estavam comigo e depois sem motivo algum me deixavam "chupando dedo". Tive algumas depressões por conta disso. Nunca passei muito tempo com nenhum deles. Às vezes, olhava para o alto querendo que Deus me mostrasse uma pessoa que me respeitasse e que ficasse comigo. Apareceu meu companheiro atual, Adriano Lucas, que há quinze anos está ao meu lado. Já tivemos muitos problemas conjugais, mas de uma coisa tenho certeza: ninguém pode falar mal de mim perto dele porque a defesa é certa. Ou seja, acho que ninguém se atreve. Posso não ser feliz com ele por completo, até porque nenhum casamento é um mar de rosas, mas me sinto respeitada e amada. Narrar aqui o que já vivemos não traduz parte deste livro, uma vez que nossa história de vida é mais recente e não cabe aqui contar em detalhes essa experiência como "memórias". Talvez um dia ainda escreva sobre nossa relação, isoladamente.

    Finalizo este capítulo destacando que tudo o que aqui foi por mim narrado, sejam fatos alegres ou tristes, não poderiam ser omitidos, porque conto de fadas só existem nos livros e, mesmo assim, antes do final a princesa também passa por muitos sofrimentos até conseguir "ser feliz para sempre".

CAPÍTULO IV
MINHA TRAJETÓRIA PROFISSIONAL

Por volta do ano de 1985, ainda estudando, tive como experiência profissional o meu primeiro emprego em uma padaria. O dono era o seu Carioca, um senhor de aproximadamente 65 anos de idade, gordo e que se preocupava muito com dinheiro. Mudava de humor facilmente, desde que fosse contrariado por algum motivo ou simplesmente quando a venda dos pães não correspondia às suas expectativas. Às vezes eu suportava seus "chiliques" porque precisava do dinheiro para ajudar a pagar meus estudos, pois meu pai era do tipo que algumas vezes ameaçava nos tirar da escola porque chegávamos muito tarde em casa, e além disso, eu tinha duas irmãs que também estudavam e pesava no orçamento doméstico. O salário não era muito bom, mas dava para auxiliar em minhas despesas pessoais.

Enquanto trabalhava na padaria fiz o curso de datilografia; primeiro com um senhor evangélico de aproximadamente 60 anos que costumava ser assessorado por suas filhas, Rízia e Rute, também evangélicas. Acredito que naquela época já existia pedofilia, pois muitas vezes percebi que o professor colocava os braços por cima do meu pescoço, descendo para os seios, de forma que eu podia senti-lo tocá-los com as mãos. Quando ele fazia isso era para ensinar as teclas contidas à direita e à esquerda. Porém, percebia que existia um pouco de maldade na ação dele. Não dá para apagar da memória algo tão sério e que marcou negativamente meu curso de datilografia. Depois de algum tempo e por não ter concluído o primeiro curso datilográfico, dei continuidade em outra escola, cujo professor era um jovem já casado, José Quitério, já falecido, também evangélico que me ajudou na conclusão e emissão de certificado.

No mesmo ano, quando ainda estava trabalhando na padaria surgiu uma nova oportunidade. Realizar um teste para trabalhar na usina açucareira João de Deus, no Laboratório de Análises de Sacarose, como auxiliar de escritório. Lembro-me de que o curso de datilografia que havia feito me ajudou bastante na aprovação para o meu primeiro emprego com carteira assinada. Fiquei muito feliz, pois passei de vendedora de pães à auxiliar de escritório. Como o emprego era temporário por conta da safra da cana-de-açúcar, após seis meses, fui dispensada, assim como a maioria de meus amigos. Nesse tempo foi uma fase muito boa em minha vida porque tinha meu próprio salário. Porém, não pensem que por conta disso ganhei a liberdade. Meu pai continuava com as rédeas, impondo todos os limites. Algumas festas que participei saía sem a sua permissão, porque sempre fui considerada por minha mãe a mais rebelde das três filhas. Lembro-me de que em um domingo uma amiga, Janete, que morava na cidade de Atalaia e sobrinha da minha vizinha, dona Josefa, convidou-me para ir a um baile que iria acontecer no Clube Os Paladinos. Inicialmente disse a ela que não iria porque não tinha roupa adequada. Mas isso não foi considerado um empecilho para que eu não fosse ao baile, pois ela prontamente disse que me emprestava. Minha casa tinha uma entrada ao lado, como uma espécie de beco, com um portão pequeno de madeira e uma porta na lateral da casa dando para essa saída. No horário, quando meu pai já estava dormindo, coloquei um travesseiro no lugar onde eu dormia e cobri, de forma que parecesse comigo dormindo. Como essa amiga estava na casa da tia que morava em frente à minha, não tive problema algum para trocar de roupa. A calça que ela me emprestou era branca e bem justa. Trocamos de roupa e seguimos em direção ao baile. Eu, apesar do medo de alguém ver e contar ao meu pai, segui toda feliz. Dancei, diverti-me bastante até o final. Ao retornarmos, em vez de ter dormido na casa da tia da minha amiga fui direto para casa, passando pelo portão e seguindo até a porta lateral. Era uma porta velha, com uma aresta no meio e que dava para a sala onde tomávamos café. Como havia levado a chave, sem olhar antes para dentro de casa, coloquei-a no orifício que fez um pequeno barulho.

Nesse momento meu pai estava na sala tomando café, pois estava esperando o caminhão para ir para a feira em São Miguel dos Campos, como era de costume, todas as madrugadas de domingo. Ao escutar o barulho, ele ficou assustado pensando que era ladrão. Porém, como eu não tinha mais o que fazer, abri a porta e dei de cara com ele. Recordo-me da pergunta que ele me fez até hoje: "De onde você vem uma hora dessa?" Eu, toda encabulada respondi: "Do baile". Parece que o chão sumiu dos meus pés, mas tive que encarar a realidade. Minha mãe e minhas irmãs acordaram durante o intervalo em que ele me dava uma lição de moral dizendo: "Agora não, por conta dos vizinhos, mas quando eu voltar da feira a gente conversa". O caminhão da feira chegou e ele seguiu viagem. Fui dormir e quando o dia amanheceu, o que não demorou muito porque cheguei de madrugada, levantei toda "escabreada" e passei o dia em uma expectativa enorme, pois o meu prêmio seria uma surra quando meu pai voltasse. Às 16 horas ele chegou, bem tranquilo, que pensei até que ele havia esquecido. Tomou banho, almoçou, sempre ignorando a minha presença. Depois de um certo tempo ele me chamou para a sala. Fui morrendo de medo! Mas, a pisa que meu pai me deu foi uma lição de moral que consigo lembrar até hoje. As palavras foram duras, severas, mas carregadas de disciplina e ensinamentos. Reporto aqui uma frase bem popular que diz: "Uma chicotada fere, mas uma língua má quebra ossos". Foi exatamente assim que me senti, como se tivesse levado uma surra literalmente.

Ao ser demitida da Usina João de Deus no mês de fevereiro de 1986, logo em seguida surgiu uma oportunidade na Prefeitura Municipal de Capela. Fui submetida a um teste para professora, pois havia sido construída uma escola no bairro da Cohab e a forma de seleção para lecionar no estabelecimento erai uma avaliação inicial com cinco professores. Como tive a quinta colocação, comecei a trabalhar imediatamente. Passei sete anos lecionando nesta escola, desde a 1ª até a 4ª série. O ensino era bem tradicional, como uma espécie de bê-á-bá. Sempre tive muito pulso como professora dentro das regras em que fui treinada. Não me orgulho dessa época, mas tenho a convicção de que professor é pago para ensinar. Como minha atuação em sala de aula era considerada muito boa pela secretária de Educação da época, D. Elenita Lucena, logo fui convidada a trabalhar paralelamente com o programa Um Salto Para o Futuro, que tinha como objetivo capacitar professores que atuavam no ensino fundamental. Este programa foi a alavanca para minha profissão, pois a partir dele adquiri novas experiências, novo jeito de me comunicar com o público; enfim, posso dizer que foi o maior motivo de meu crescimento profissional, graças à credibilidade da maior educadora que Capela já teve – Elenita Lucena, porque confiou em minha capacidade e me impulsionou para o meu maior desafio na área da educação.

Depois de sete anos pedi transferência para uma escola mais próxima da minha casa, onde passei apenas um ano ensinando na 4ª série. Fui convidada no ano de 1994 para ser coordenadora do ensino religioso e, ao mesmo tempo, para ser bolsista em uma turma de 5ª série na área de língua portuguesa na escola Estadual Professora Edite Machado, que era paga pela comunidade de pais. Lembro-me de que nesse período passei no concurso do estado, salvo engano no ano de 1994, que não foi considerado válido pelo Ministério Público, fato que me deixou bastante contrariada, pois fiquei como sétima colocada na 4ª CRE (Coordenadoria Regional de Ensino). Após esse período, também fui convidada para ensinar no Telecurso 2000 na área de língua portuguesa, que funcionava aos sábados. Este curso era destinado a professores leigos que tinham como formação somente até a 4ª série primária, realidade esta que só foi modificada a partir do ano de 1998 com a implantação do Fundef e com a realização dos primeiros concursos públicos realizados na educação básica. Dessa forma, todos os professores leigos foram exonerados com a implantação dessa nova realidade.

Durante a gestão de 1996 a 2000, surgiu a oportunidade para a realização de um concurso vestibular na Universidade Federal de Alagoas (Ufal) em convênio com as prefeituras municipais. Fiz a inscrição, assim como muitas colegas do magistério da cidade de Capela. Eram apenas duas vagas. Fui aprovada e tive a oportunidade de cursar o ensino superior na área de pedagogia, de forma gratuita. Durante esse período, passei a ser coordenadora do ensino fundamental na área de 1ª a 4ª série do ensino fundamental em um período, e em outro, a ensinar na disciplina de matemática, pois tinha uma jornada semanal de quarenta horas. Acho que foi um dos melhores momentos de minha vida, pois além de tudo isso Deus me deu de presente a oportunidade de lecionar no programa Alfabetização Solidária durante a primeira etapa. Na segunda, terceira e quarta etapas fui convidada para ser coordenadora do programa no município, onde passei a viajar de seis em seis meses para o estado do Paraná com destino à cidade de Londrina, com o objetivo de coordenar os professores da rede municipal nas etapas de formação na Universidade Estadual de Londrina. Confesso que minha vida se tornou agitada a partir daí, porque para dar conta de tantas atribuições precisava de muita garra e força de vontade. Mas minha persistência me fez continuar batalhando pelos meus ideais.

No ano de 2001, na gestão de Antônio Gomes de Melo, mais conhecido como Totinho Melo, assumi a coordenação geral na Secretaria de Educação Municipal, cujo objetivo foi traçar metas para o ensino infantil e ensino fundamental, com uma jornada semanal de quarenta horas no turno diurno. Como havia passado também no concurso público da Rede Estadual no mesmo ano, fui informada de que passaria a assumir uma nova turma de EJA na Escola Estadual Torquato Cabral durante o turno noturno, onde passei apenas um ano, sendo transferida para a Escola Estadual Professora Edite Machado para lecionar nas turmas do ensino médio na área de Língua Portuguesa, o que me ajudou bastante no enriquecimento de minha prática pedagógica.

Acredito que muitos devem estar se perguntando como eu consegui dar conta de tantas atribuições. Deixo claro aqui que quando você faz o que gosta, o trabalho já se completa pela metade. Sem contar que eu ainda era muito jovem, fato que certamente contribuiu para que realizasse todas as minhas atribuições sem muitas reclamações.

No último ano de gestão do prefeito anterior, fui convidada para assumir a direção adjunta da Escola Municipal Cícero Cabral Toledo, com Kaline Coimbra e, nesse mesmo período tive que me afastar para pleitear as eleições de 2004 como candidata a vereadora pelo Partido Progressista.

Após o resultado das eleições, e por ter sido adversária do candidato eleito, João de Paula Gomes Neto, fui retirada da coordenação pedagógica. A partir daí, passei a lecionar no município nos turnos matutino e vespertino na área de língua portuguesa, em turmas de 5ª a 8ª série do ensino fundamental. Infelizmente toda minha experiência profissional não foi considerada, pois apesar de ser formada na área de Pedagogia e com especialização em docência para o ensino superior, a politicalha e perseguição ainda continuam predominando nos municípios. Infelizmente, tive que atuar em uma área que não possuía habilitação.

> *Fui feirante*
>
> *Trabalhei na padaria*
>
> *Sempre com muita alegria*
>
> *E de lá fui pra Usina*
>
> *Passei uma temporada*
>
> *Mas quando fui despejada*
>
> *Entrei na educação*
>
> *Essa foi minha paixão*
>
> *Só saí aposentada.*

Porém, como o destino sempre esteve ao meu lado, com pouco tempo de concurso na rede pública estadual, fui eleita democraticamente para diretora adjunta da Escola Estadual Professora Edite Machado durante o período de junho de 2005 a agosto de 2007, fato este que me deu a oportunidade de participar do **Progestão**, curso de capacitação para gestores escolares. Mais uma vez com certeza passei a adquirir novas experiências e habilidades para lidar com os alunos, com meus colegas e, principalmente, atuar como uma gestora que proclama a descentralização das ideias, da participação coletiva, onde todos os segmentos passam a ter vez e voz.

Dentro da escola vivi em uma roda gigante. Após o término da gestão escolar, passei mais uma vez a atuar como professora nas turmas de 2ª e 3ª séries do ensino médio na área de Língua Portuguesa e paralelamente na disciplina de Matemática, em uma escola municipal. Após alguns anos, assumi a coordenação pedagógica do ensino fundamental e médio na mesma escola, onde estou até os dias atuais. No ano de 2013, mais uma vez fui convidada para assumir a coordenação geral na Secretaria Municipal de Educação em Capela, onde atuei apenas por um ano e meio, na gestão de Luiz Eustáquio Silveira Filho, entregando oficialmente o cargo em julho de 2014.

Atualmente, sou aposentada pela rede pública municipal de ensino e atuo como coordenadora pedagógica no ensino médio integral na rede estadual de ensino. Diante dos fatos aqui descritos no gênero memórias que traduzem a minha história de vida pessoal, sinto-me realizada e que, apesar de ter origem rural, acredito que represento um símbolo de superação, símbolo de que só a educação foi capaz de moldar. Durante minha trajetória na educação, tenho a certeza do dever cumprido e que tudo isso é apenas o começo, pois sei que muito ainda tenho a fazer pela transformação dos nossos jovens.

Aposentada

Da rede municipal

Mas continuo ativa

Sempre firme e bem altiva

Na Rede Estadual

Foi minha sina

A área da educação

Pois trago no coração

O meu sonho pessoal.

A vida simples no campo me ensinou a respeitar os mais velhos, a pedir a bênção aos meus pais antes de dormir, a dar a palavra em nome da honra e que nossa história de vida se mistura a história do lugar. Hoje muitos desses valores já não existem, assim como também muitos lugares também não existem. Depois de muitos anos voltei à fazenda onde nasci. Nada mais lá existe, exceto as lembranças vivas em minha memória, como a trilha em que eu ia para a escola que vai em direção à casa grande, existente até hoje, dos pés de caju servindo de limite entre fazendas, do açude onde costumávamos dar banho nos cavalos, das serras e montes onde meus pais plantavam roças, da estrada de barro por onde brinquei e dos pés de manga que quase não existem mais. Esperava encontrar por lá tudo o que deixei, mas o progresso afastou casas e moradores, restando apenas minhas lembranças do pequeno lugar onde nasci e que guardo até hoje em minha memória.

CAPÍTULO V
CAPÍTULO DE POESIAS

APRESENTAÇÃO

Neste capítulo de poesias expresso tudo o que naturalmente me vem à mente. É uma necessidade enorme de trazer à tona os sentimentos mais profundos que muitas vezes me sufocam. Ao escrever, sinto-me em uma sala de terapia, uma vez que conto tudo para mim mesma no silêncio do dia ou da noite. Utilizo para minha terapia os espaços mais silenciosos: quarto, meu pedacinho de chão na rede da varanda, sofá, pia da cozinha; enfim, todo lugar que me traz inspiração. Poetizar é como um desvelar natural de palavras que vão se encaixando umas com as outras e trazendo a sensação de leveza, pois parece que a alma se torna mais leve ao saber que de alguma forma tive com quem desabafar: minhas poesias.

PREFÁCIO

A dor, a saudade, a nostalgia, a percepção dos fatos e a sensibilidade do poeta fazem com que subitamente lhe venham à cabeça ideias sobre o que escrever. Não tem forma certa, tampouco conteúdo exato para suas inspirações. Quem escreve é como um rio que corre solto em seu leito para desaguar, sabe-se lá onde. Até chegar ao seu destino, certamente muita água se perdeu pelo curso. É exatamente assim com as palavras. Ao escrever, vamos dando forma, lapidando, fazendo arranjos, recortes, até que, como o rio, algumas fiquem para trás porque se perderam em outros cursos que não no texto escrito. Mas elas não são descartadas. Servirão para molhar o novo pensamento do poeta e irrigar a sua mente, tornando fértil a sua criatividade.

SUMÁRIO

1. Bem-querer 73
2. Miragem 73
3. O progresso 74
4. Vazio 75
5. Leveza 75
6. Razão 76
7. Nostalgia 77
8. Pra que pressa? 78
9. Juventude 79
10. Não desista 81
11. Decepção 82
12. Tudo é natural 83
13. Nada é pra sempre 85
14. O amor 86
15. Natureza 87
16. Inveja 87
17. Limites 88
18. O Amor vence barreiras 90
19. Luz interior 91
20. Ser inconstante 91
21. Destino 92
22. Tudo é mistério 93
23. Não levo nada daqui 94
24. Tempos de aflição 95

25. Dar forma 97
26. Indescritível 98
27. Doação 99
28. Será um caso de amor? 101
29. Eternamente Edite Machado 102
30. Capela de encantos 104
31. Cordel mandacaru 104
32. Plumas ao vento 108
33. Capela 109
34. Espinhos 110
35. Sala de aula, espaço que não fala 111
36. Tempo 112
37. Drogas 112
38. Explicação 113
39. Vazio 114
40. Bem-querer 114
41. Miragem 115
42. O progresso 116
43. Leveza 117
44. Razão 117
45. Nostalgia 118
46. Nascimento precoce 119
47. Natureza 121
48. É dia 121
49. Eu vejo Deus 122
50. Brisa suave 123
51. Banho 124
52. Barco à deriva 124

53. Fuga 125
54. Memórias de Capela 126
55. Poema Iasmim 129
56. Poesia geração de ouro 131
57. O Amanhã a Deus pertence 135

1. Bem-querer

Sigo em prantos
Te decanto
Me encanto
Por você
Melodia
Irradia
Sinfonia
Bem-querer
Cruzo Montes
Horizontes
Mentalizo
E continuo
Decantando
Bem-querer

2. Miragem

A vida é uma miragem
Ela passa de repente
É como o vento soprando
Pouco a pouco vai passando
E vamos seguindo em frente
É tudo tão passageiro
O tempo é tão ligeiro
Bom mesmo é aproveitar
Leve a vida sossegado
Viva menos preocupado.

Afinal, tudo é tão rápido
Para que se preocupar?
Não trouxemos, não levamos
Só Deus conhece teus planos
Aqui tudo é passageiro
Viva a vida devagar.

3. O progresso

Tudo vai se traduzindo
Na paisagem diferente...
O homem vai destruindo
E também vai construindo
Um mundo bem diferente.
Só sentimos as mudanças
Pela lei da natureza
Ventos fortes
Tempestades
E o homem faz alarde
Sabendo sua proeza
Ele é o mais culpado
Por essa destruição...
O progresso é necessário
Mas não se pode aceitar
Essa tal situação
É triste ver as queimadas
Destruindo as florestas
Os bichos estão morrendo
A vegetação sofrendo

E o progresso a crescer
Mas sinto, infelizmente
Se não houver um controle
Seres vivos vão morrer.

4. Vazio

Que dor é essa que não passa
Que torna a vida sem graça
E que dói, queimando em mim?
É um vazio tão profundo
E eu tenho medo do mundo
Parecendo que é o fim
Não existe uma explicação
E nem mesmo uma razão
Para essa coisa tão ruim.
Mas eu sei que lá no fundo
Essa dor e o medo do mundo
Tem sim causa e razão
Tenho dores escondidas
Que me causaram feridas
Essa dor tão incontida
Gera em mim a frustração.

5. Leveza

Caminho
Sempre leve como a pluma
Ou como a vasta espuma

Que caminha sobre o mar...
Leveza
Vou sentindo na minha alma
Meu coração se acalma
E eu caminho devagar...
Certeza
É onde eu quero chegar
Passe o tempo que passar
Pois a pressa é inimiga
Não quero que ela me siga
O tempo vai devagar
Levando
Minha vida leve e solta
Mostrando que minha calma
Alivia a minha alma
Sem poder me preocupar.

6. Razão

É luz, é sol
Estou só
Precisando de você
É noite
É dia
Mas a minha alegria
Não tem noite
Não tem dia
Que a faça florescer
Mergulho

Vou buscar
Estou tentando encontrar
Antes de escurecer
A paz, o amor
Mas sei que agora estou
Precisando de você.

7. Nostalgia

Vivendo em nostalgia
Onde a minha alegria
Se esconde em algum lugar
Vou tentando encontrar
Lá no fundo da minha alma
Onde um vazio se cala
Querendo não responder
Eu busco uma explicação
Ou até mesmo uma razão
Pra nostalgia morrer
É uma sensação ruim
Um escuro tão profundo
Estou saindo do meu mundo
E vivo em solidão
Nostalgia é a razão
Da minha infelicidade
E sinto que sou covarde
Por não poder resolver

8. Pra que pressa?

Pra que pressa?
Se o futuro vai chegar
Tendo azar ou tendo sorte
O futuro é morte.
Pra que se preocupar?
Não adianta correr tanto
Pra juntar tanta riqueza
Você pode ter certeza
Nada disso vai levar
Pra que pressa?
Faça tudo lentamente
Seus projetos vão dar certo
Deus traçou tudo correto
E não vai te abandonar.
Você pode ter certeza
Que Deus já traçou teus planos
Então, pra que desengano?
Se eles vão se realizar.

Pra que pressa?
Pra que tanta correria
Se tudo está traçado
E por Deus foi planejado
Mas só vem quando é o dia.
Pra que pressa?
Não é quando a gente quer
Vai ser quando Deus quiser
Que virá tua alegria.

Tive pressa
Mas depois reconheci
Que o que é nosso vai chegar
Pra que se martirizar
E ficar tão infeliz
Pra que se preocupar?
Deixa nosso Deus agir
Deixa a vida seguir
O importante é ser feliz.

9. Juventude

Essa nossa juventude
Sem rumo, sem direção
Cada vez tá mais perdida
E também muito iludida
Num mundo de inovação...
Ela não sabe o que quer
Vivendo em narcisismo
E também teatralismo
As nuvens têm sido o piso
Dessa nova geração.

O que enxergamos hoje
No mundo da juventude
É que não precisa muito
Porque todo o seu intuito
É chamar muita atenção...

É multidão solitária
De vida imaginária
Fato que a tem levado
Pro mundo da depressão.

É uma geração perdida
Que caminha lentamente
Sem muita preocupação
Em que o futuro é ilusão.
Para que se preocupar?
A escola é passatempo.
Pra muitos, perda de tempo
Vão mais pra fazer amigos
E não ficar esquecidos
Em casa a divagar.

Nesse mundo de conflitos
Ela busca a direção
Confia mais em amigos
E a muitos dão ouvidos
Mais que ao pai, a mãe, irmãos
Os jovens sempre estão corretos
Nada errado, tudo certo
Perdemos s estribeiras
Dessa nova geração.

10. Não desista

Quantas vezes nessa vida
Pensamos em desistir
Fica tudo tão escuro
E também tão obscuros
Os caminhos a seguir
Nada parece dar certo
Corremos pra todo lado
Ficamos desesperados
Sem saber pra onde ir.

Parece que as portas fecham
E não achamos a saída
Para todos os problemas
Que são o grande dilema
De toda a nossa vida.
Mas não desista dos sonhos
Pois Deus manda te avisar
Filho! Logo vai passar
Essa dor em tua vida.

Assim, você não desista
E pode acreditar
Porque toda a tempestade
Não passou de um alarde
E você vai se alegrar.
Quando olho o céu à noite
Não tem lua todo dia

Mas quando tem irradia
Com sua luz a clarear.

Não desista de viver
E de nada nesse mundo
Basta só acreditar
Que tudo irá passar...
Acredite e pise fundo
Porque pra sua tristeza
A palavra é esperança
E também a confiança
Mas Deus é a fortaleza.

11. Decepção

Quem já não vivenciou
A tal da decepção
Na vida ou no amor?
Ela causa muita dor
É a pior traição
Mas sabe por que dói mais?
Porque não vem do inimigo
Ela vem do teu amigo
Causando desilusão.

Mas não é só o amigo
Que causa decepção
É também o seu amor
Que pode lhe causar dor

Através da traição.
Quem já experimentou
O bom é não confiar
É também desconfiar
Prestando mais atenção.

Amigo é coisa rara
Nessa tal sociedade
Chega perto de você
Querendo lhe conhecer
Mas por trás já tem maldade.
Mas não é tão diferente
Com o seu grande amor
Que muita lábia exalou
Mas trai com facilidade.

12. Tudo é natural

Se prestarmos atenção
Como tudo acontece
Aos olhos, bem devagar
Mas o tempo nos dirá
Que nada aqui permanece
Em altas temperaturas
Vem a chuva pra molhar
Basta crer e acreditar
Que Deus ouve as tuas preces.

É muito interessante
Se paro pra observar
Quando olho a natureza
Que enriquece sua beleza
Com a chuva a lhe molhar
Dá até encantamento
Com as aves festejando...
Cruzam o campo, sempre em bando
Buscam abrigo a cantar.

Cada pingo, cada gota
De forma bem natural
Traz alento e esperança
Traz também a confiança
Para a vida animal.
Traz alento para o homem
Que vive a se martirizar
Com a seca a castigar
Nossa flora vegetal.

Mas de forma natural
Vem a chuva e molha a terra
E o homem desenganado
Vê logo que estava errado
Nos seus planos, sempre erra!
Mas quando menos espera
Logo vem sua alegria
E a esperança a cada dia
De sobreviver dessa guerra.

13. Nada é pra sempre

Nada é pra sempre
Qualquer dor
Qualquer tristeza
Você pode ter certeza
Que tudo irá passar
Que essa nuvem escura
Que torna a vida tão dura
Vai trazer um sol tão lindo
E vai fazer céu brilhar.

Observe ao seu redor
Na hora do desespero
Como tudo é passageiro
O tempo é tão ligeiro
E não consegue parar
Por isso nada é pra sempre
É tudo tão de repente
Quando vemos o problema
Ele não está mais lá.

E como nada é pra sempre
Não adianta se preocupar
Porque a vida da gente
Pode ser num de repente
De um dedo a estalar
Quando você menos espera
A vida vai e acelera
Dizendo chegou a hora
Pois Deus manda te chamar.

14. O amor

Palavra muito pequena
E bem fácil de escrever
O amor supera tudo
Mas o que falta no mundo
É essa chama reacender
Sem ele tudo é difícil
Pois quando vejo o irmão
Com ódio no coração
Matando, nem sei porque.

Mas de uma coisa estou certa
O amor vence barreiras
Ele acaba a ambição
Que machuca o nosso irmão.
Ele acaba com asneiras
O amor supera tudo.
Acaba com a violência
Faz refletir consciências
Nesse mundo sem tranqueiras.

Pare com a violência
Que machuca o nosso irmão
Ela só nos causa dor
E também o desamor
Lá dentro do coração
E descubra um mundo novo
Rodeado de paz e amor
Cristo assim nos ensinou
Descubra no outro um irmão.

15. Natureza

É nela que me inspiro
E vejo a beleza
Que Deus com proeza
Conseguiu criar
Essa natureza
Que logo fascina
E que me ensina
Tão bem respirar
Traz tanta certeza
De inspiração
Faz meu coração
Nela aliviar
Descarrego tudo
Fico mais tranquila
Perco a minha ira
E começa a reinar
Paz interior
Respiro profundo
Deus é o meu mundo
E sigo a confiar.

16. Inveja

Eu vejo sombra
Eu vejo treva
Nessa tua inveja
A me cobiçar

Há tanta maldade
Em teu coração
Mas não há razão
Para me invejar
Pois o que eu tenho
Você tem também
Por certo o meu brilho
Deve incomodar
E assim dessa forma
Muita gente vive
Mas não se martirize
Há Deus pra te guardar.

17. Limites

Não se pode confundir
Permissividade e amor
Podemos sim, dar um não
E fazer uso da razão
Aos filhos sem causar dor
Essa é a primeira lição
Que resgata os valores
E restringe os dissabores
Nas famílias de valor
Desconhecemos limites
Nos lares de hoje em dia
Os pais querem agradar
Aos filhos pra não frustrar
E lhes dão em demasia

Aquilo que não tiveram
Passa a ser prioridade
Pros filhos terem igualdade
E não perderem a alegria
Dessa forma vão causando
As barreiras em seu lar
Porque quando os filhos pedem
Os limites, os pais não medem
O importante é agradar
E assim perdem o respeito
E mesmo que os pais não possam
Mesmo assim eles se esforçam
Para os filhos não frustrar

Que sociedade é essa,
É a geração do "**ter**"?
Onde permissividade
Dentro da sociedade
Vale mais do que o "**ser**".
Espero com alegria
Que os pais possam mudar
E aprendam o "**não**" a dar
Pra seus filhos não sofrer.

18. O Amor vence barreiras

Quantas dores já vividas
Quantas noites mal dormidas
Esperando por você
Sem saber qual era a hora
Da tristeza ir embora
E sem saber qual era o dia
De você aparecer

Não tem tristeza maior
Que viver em agonia
Só o coração que sente
Por não sentir alegria
E o tempo vai passando
E eu aqui te esperando
Sem saber qual é o dia

Vivendo de esperança
De isso um dia acabar
Porque sei que o amor vence
Barreiras em qualquer lugar
Sabemos que tudo passa
E que um dia, logo, logo
A tristeza vai passar.

Dizem que o amor é fogo
Que se arde sem se ver
Mas sei que fogo mesmo
É estar longe de você.
Nascemos um para o outro
E a minha esperança
É te amar até morrer.

19. Luz interior

Olhando a imensidão me vejo refletida
Em um vazio imenso a me atormentar
A mente é mistério, assim Lacan explica
Sigo a passos lentos
Vou levando a vida
E meio distraída
Busco me encontrar

Sem saber se vou encontrar a saída
Então começo a vagar e a me lamentar
Explicações externas já não me comovem
Peço pra o destino me orientar
Vou seguindo solta
Vou levando a vida
E dessa forma busco luz pra me guiar

E assim percebo que essa imensidão
Está tão sombria no fundo da alma
E que só Deus acalma
O meu coração!

20. Ser inconstante

E se o dia fosse noite?
E se a noite fosse dia?
E se a vida fosse plena?
E a tristeza alegria?
E se todos esses ES
De fato fossem contrários
Será que satisfaziam?

Se a vida vale a pena
Se a noite é nostalgia
Se a tristeza é cavalgante

Se é o oposto da alegria
Porque não seguir avante?
Se é assim tão inconstante
Essa vida tão vazia.

E se nessa inconstância
De não saber o que quer
Vemos sempre o lado avesso
Como nosso rodapé?
O homem é insatisfeito
Ele quer tudo perfeito
Porque nele falta a fé.

21. Destino

Não tenho nada!
Não tenho estrada!
Só tenho fé.
Porque eu sei que eu posso ir
Aonde Deus quiser.
Eu levo solto o meu destino
Não desafino na locução
Sou desastrada!
Não tenho nada!
Mas com certeza!
Trago no peito um coração.
Os julgamentos não me comovem
Até que provem muitas mentiras

Sou consciente!
E é pra frente

Que eu caminho.
Não tenho ira!

22. Tudo é mistério

Tudo é mistério, tudo é vazio
E nesse calafrio vivo a indagar
Será que existe uma resposta pra tudo?
De fato não me iludo
Vou seguindo mudo
E por certo o tempo
Me responderá
Vivemos hoje esperando o amanhã
E esse tal futuro que não quer chegar
O passado é museu e o futuro é incerto
Por isso hoje é o momento certo
Para viver a vida, fazer tudo certo
Sentir felicidades
Sem se preocupar
A vida é mistério pra humanidade
E não é privilégio alguns adivinhar
Ou fazer projeção da pontualidade
Em que a adversidade irá nos encontrar
Porque é duvidoso, é tudo muito incerto
O mistério insondável
Do lado de lá.

23. Não levo nada daqui

Não levo nada daqui
Mas levo a gratidão
Por Deus ter me emprestado
Um paraíso cuidado
Meu Pedacinho de Chão
Quando fico apreciando
As belezas ao redor
A minha mãe natureza
E assim tenho a certeza
Que Deus não me deixa só.

Por volta das cinco horas
Já perto do sol se pôr
Fico aqui observando
Os passarinhos cantando
Dizendo o dia acabou
No campo o boi a pastar
O capim todo verdinho
Sinto aquele friozinho
A tarde está terminando
E eu na rede a balançar.

Quando chove é mais triste
Não consigo apreciar
Sentar na minha varanda
Balançar na minha rede
Com a chuva a molhar.

Mas com o sol é diferente
Porque tudo é enxutinho
No pomar sinto um ventinho
E no rosto a brisa leve
Na minha pele a tocar.

Meu Pedacinho de Chão
É um cantinho sagrado
Eu fico me perguntando
E também admirando
Tudo o que meu Deus tem dado
Nada é meu, tudo é do Pai
A Ele minha gratidão
Por ter a mim concedido
Este espaço tão querido
Meu Pedacinho de Chão.

24. Tempos de aflição

Em tempos de aflição
Vemos muitas brincadeiras
Até parece besteira
Pra muitos que não têm fé
Nesse tal de Facebook
Muita gente debochando
E também chacoteando
Mas quem tem fé acredita
Vai passar, se Deus quiser!

No livro Apocalipse
Da nossa Bíblia Sagrada
São muitas as profecias
Quem esperava que um dia
Elas fossem de cumprir?
Bom mesmo é se preparar
Nosso Mestre está voltando
E os sinais está mostrando
Não tem como duvidar.

Vivemos a Ditadura
De forma bem diferente
Pode prestar atenção
Voltamos para a prisão
Sem poder nos libertar
Temos tudo e nada temos
Preto, branco, pobre e rico
Cumprem o que está escrito
Não temos como negar.

Pra quem tem ouvidos, ouça!
Não sou eu quem está dizendo
Estão zombando de Deus
No carnaval um ateu
Jesus estava a puxar
Chamaram Ele de gay
No estado de Pernambuco
Onde um grupo de malucos
Aplaudiu isso, a vibrar!

Abaixo o preconceito!
Pois existem as diferenças
Para Deus somos iguais
Mas aquela Satanás
Na cruz quis Ele imitar
Paga o justo e o pecador
E mesmo sendo iguais
Em nosso mundo jamais
Os homens vão se curvar.

É de cortar coração
Esse momento de dor
Os homens desempregados
Todo o mundo está parado
E o povo se enclausurou
Falta afeto, falta abraço
Na crise do isolamento
Sentimos o sofrimento
Mas só não nos falta o amor.

25. Dar forma

O escritor
Tem o dom da referência
Pois consegue dar sentido
Ao que ninguém consegue ver
De um par de óculos
Ele enxerga um gafanhoto

Ou mesmo uma bicicleta
Não existe forma certa
Pra quem gosta de escrever

Conotativo
É o sentido da poesia
Aos olhos de quem escreve
A intenção é tornar leve
O sofrimento do leitor
Pra cada um
Parece intencional
Pois faz um texto ideal
De acordo com a sua dor.

E o leitor
Vai descobrindo a magia
Pois não existe forma certa
Do ministério desvelar
Pra cada um
O sentido é diferente
E o leitor segue contente
Mas continua tentando
O poeta desvendar.

26. Indescritível

Se existe amor maior
E com a força de um guerreiro
Diz aqui meu coração

Não existe explicação
Pros avós do mundo inteiro
Desde que você nasceu
Só nos trouxe alegria
Tudo se tornou magia
O amor mais verdadeiro.

Minha neta é a razão
Da minha felicidade
Incluindo minhas filhas
Nós somos uma família
Isso me traz vaidade
Peço que Deus te abençoe
Te dando orientação
Guiando os teus caminhos
E tirando os espinhos
Dando a ti a proteção.

27. Doação

A melhor coisa do mundo
É dividir o que se tem
Isso traz contentamento
E alivia o sofrimento
Daqueles que pouco têm.
Sentimos no interior
Alegria e muito amor
Por dividir com os outros
Aquilo que você tem

Basta fazer com amor
E aliviamos a dor
Do irmão que nada tem.

Pode ser de qualquer tipo
A forma de doação
O que importa para nós
É o que vem do coração
Não adianta aqui na terra
Riquezas acumular
Pois pode ter a certeza
Que desse mundo ninguém
Riquezas irá levar
Por isso todos devemos
Mesmo com o pouco que temos
Com os irmãos compartilhar.

Se existem sentimentos
Que causam satisfação
Lhe digo que o melhor
É fazer uma doação
Não irá te fazer falta.
Porque temos o bastante
Ver um irmão necessitado
Vivendo bem ao teu lado
É pra nós, muito humilhante
Eu só queria entender
Porque é raro perceber
Que tudo aqui é um instante.

28. Será um caso de amor?

Vou contar para vocês
Um caso impressionante
Meu cavalo, Ventania
Não larga por um instante
O Rock, meu lindo boi
Até parece que os dois
Estão vivendo um romance
E vivem sempre a brigar
Mas estão sempre juntinhos
Eu não sei se é normal
Esse caso preocupante

Por incrível que pareça
O boi quer fazer amor
Com o cavalo Ventania
Eu presenciei o fato
Não foi ninguém que contou
E fiquei bem alarmada
Estou contando a vocês
Que pela primeira vez
História tão cabeluda
Tinha que ser logo escrita
E também fotografada.

O boi está todo mordido
Do cavalo Ventania
Quando vejo os dois juntos

Vai me dando uma agonia
Tenho medo do pior
Já vi caso parecido
Meu vizinho aqui comprou
Um cavalo de valor
E quando menos esperou
Seu cavalo tão bonito
Pelo boi foi abatido.

Sinto muito pelos dois
Pois são irracionais
Com certeza é inocência
Esse relacionamento
Nenhum sabe o que faz
O melhor é separar
Pelos dois tenho apreço
Prevenir enquanto há tempo
São bichos de estimação
Não quero ver o pior
Deixar o cavalo só
É a melhor solução.

29. Eternamente Edite Machado

Escola Edite Machado
Não canso de te admirar
Pois pareces tão Florida
No lindo jardim da vida
Sempre estás a encantar

Fostes como professora
No teu longo caminhar
Vi tanta coisa passar
Na tua história querida
És parte da minha vida
Do meu crescer
Do meu educar.

Resplandeces a beleza
De todos que aqui passaram
Que na vida enveredaram
Em busca de crescimento
Mas fostes o grande talento
Dos frutos que conquistaram
E suas grandes raízes
Não param de se estender
Porque tens muito a fazer
Pela nossa juventude
Que com pouco não se ilude
Porque sonha em crescer
E no lindo mês de maio
Dedicado a Maria
Foi a sua fundação
O que nos trouxe alegria
Seus funcionários agradecem
Todos eles te engrandecem
Por nos dar sabedoria.

30. Capela de encantos

Capela, minha terrinha!
É assim que costumo escutar
Por todos os teus encantos
No lindo jardim da vida
Sempre estás a encantar!
Cento e vinte nove anos
Estás hoje a completar
Eu tenho 55
Mas a cada dia sinto
Meu coração por ti pulsar.

Não tem terra mais querida
E nem cidade mais bela
Hoje me sinto honrada
Por ser dessa Pátria amada
Minha cidade, Capela!
Parabéns a meu pequeno torrão
Que por anos tem me feito tão feliz
Muita coisa se passou em minha vida
Mas foi nessa cidade linda e querida
Que cresci e firmei minha raiz.

31. Cordel mandacaru

Quero aqui pra vocês apresentar
MANDACARU, agora em nova versão
Pra mostrar a nossa população
Nordestinos que fizeram história
Retratando assim muitas memórias
De artistas que aqui se destacaram
Na escrita, na música, eles brilharam

Mas também no humor e outras artes
Porque ser criativo já faz parte
Dos nordestinos que aqui arraigaram

Retratando a nossa literatura
No Nordeste nós vamos destacar
Ariano e Ferreira Gullar
Ensaísta e crítico literário
Que faz parte até hoje de cenários
Ariano foi grande romancista
Foi poeta e também um ensaísta
Para nós foram símbolos de talento
E deixaram um legado como exemplo
Enriqueceram o acervo literário.

Foram grandes destaques nordestinos
Jorge Amado e **José de Alencar**
Mas quero também aqui destacar
Jorge de Lima e nosso **Graciliano**
Nordestino e também alagoano
Sua história não as perdeu de vista
Por suas obras publicadas e escritas
Seu acervo mudou a sua história
E até hoje guardamos na memória
Porque foi para nós um ficcionista.

Castro Alves, venho aqui destacar
Foi pra nós o **"O poeta dos escravos"**
Seus poemas foram como alinhavo

Foi poeta da Terceira Geração
Mas também quero chamar a atenção
Trago aqui nosso **Gregório de Matos**
Seus poemas, não publicou de fato
Mas pra nós se tornou um homem eterno
Conhecido por **"Boca do inferno"**
No Barroco, o poeta eu retrato.

MANDACARU vem aqui pra destacar
Humoristas que o Nordeste tem
Muitos deles foram até mais além
Chico Anísio, Fabiana e Renato
Zé Lezin, Shaolin também retrato
Tom Cavalcante e Caju e Castanha
Porque todos usaram de artimanhas
Pra trazer alegria pro Nordeste
Conhecidos como cabras da peste
Do Nordeste nenhum deles se envergonha

No cinema e na televisão
No Nordeste muitos se destacaram
Com **José Wilker** Muitos contracenaram
Wagner Moura um exemplo de talento
Ele brilhou como Capitão Nascimento
E o **Chacrinha** também quero exaltar
O seu programa na Globo o fez brilhar
Mas é **Lázaro Ramos** que arrepia
Enchendo a todos nós de alegria
Com Taís quando vem contracenar.

Na música temos nós grandes talentos
O meu Nordeste pode se orgulhar
Forró gostoso pra gente dançar
MPB, no Axé, samba, pagode
Porque a Ivete quando vem sacode
Com Margarete traz muita alegria
E Daniela no axé é quem arrepia
Carlinhos Brow vem com todo fervor
Levanta aplausos com o Ajaiô
Trazendo ao público muita energia!

Agora trago uma nova versão
Gil e Caetano trazem a magia
Trazendo ao meu nordeste paz, magia
Pois suas músicas fazem recordar
Em grande estilo pra gente brilhar
Vem os mamonas e o Raul Seixas
Mas o Falcão o nosso bloco fecha
Com seu estilo todo diferente
Trazendo humor e música diferente
Fazendo assim o Nordeste brilhar!

Dos artistas que o Nordeste tem
Trago aqui para nós arte mais bela
É destaque pra cidade de Capela
Nosso mestre, o **João das Alagoas**
Com as mãos vai tecendo numa boa
Sua arte é destaque mundial

Boi Bumbá é obra fenomenal
Dos Nordestinos que Fizeram história
Ele é pra nós, motivo de honra e glória
PATRIMÔNIO DA CULTURA NACIONAL!

32. Plumas ao vento

Sou uma pluma leve
Carregada ao vento
Que leve vai soprando
A me distanciar
Sem saber aonde
Será o meu pouso
Se no horizonte
Ou lá no paraíso
Ou talvez bem pertinho
Da brisa do mar
Às vezes subindo
Às vezes descendo
Às vezes me escondendo
Nas minhas incertezas
Sou uma pluma leve
Vagando ao vento
Sendo conduzida
Pela natureza
Sonho com o pouso
De forma segura
E mesmo imatura
Eu tento me encontrar

Sou uma brisa leve
Sou pluma ao vento
Mas eu não me contento
Se alguém me parar
Quero atravessar
Meu caminho sozinha
Porque é minha história
Não permito que outrem
Venha interferir
E meu pouso forçar

33. Capela

Minha Capelinha
Meu pequeno torrão
És tão linda!
E por isso tenho orgulho
De te carregar no peito
E também no coração
Suas ruas tão belas
Berço para visitantes
Para nós, os capelenses
És uma pedra preciosa
És mais que um diamante
Em teu aniversário
Venho aqui descrever
Tua pura beleza
Que com grande proeza
A todos nós fascina

Impossível te esquecer!
Cada dia mais bela
Meu pequeno torrão
Por todos os teus encantos
Eu te guardo Capela
Dentro do meu coração

34. Espinhos

Caminho
Sobre espinhos
Na jornada da vida
Passos lentos
Saturada
Sentindo-me cansada
E também retraída
Atravesso
Por espinhos
Esse é meu caminho
E tenho que seguir
Longa estrada
A jornada da vida
Mas sigo, destemida
Porque do meu destino
Eu não posso fugir

35. Sala de aula, espaço que não fala

Que acorda todos os dias
Pensando, planejando
Retomando com magia
O palco da transformação
Sala de aula
Espaço que não fala
Mas que serve de berço
Para a educação
Muitas vezes cansados
Pelas longas jornadas
Que são multiplicadas
Tentando sobreviver
Mas o sonho aquece
Sua vitalidade
Porque a sala de aula
Espaço que não fala
Energiza você
Professores
São pastores
De ovelhas perdidas
Por vezes destruídas
Nesse mundo voraz
Sois a luz
Para a transformação
Da nossa educação
Que você, professor
A mudança é quem faz

36. Tempo

Quanto tempo o tempo tem?
Difícil de responder
Só sei que ele é remédio
Pra sofrimento e pra tédio
E pra parar de sofrer
É muito interessante
Esse tempo traiçoeiro
Faz parte do seu futuro
Já te deixou no escuro
Sem a luz do candeeiro
Parece não ter saída
E ficamos a sofrer
Quando você nem espera
Ele vem e acelera
Encurtando a tua espera
Te fazendo reviver.

37. Drogas

As drogas são uma droga!
Andando, vagando
E os jovens vão definhando
Não podem se libertar
Já são presas para o tráfico
Cada dia estão mais fracos
Vão vivendo a divagar
Parece não ter saída

Não tem mais encanto, a vida
Flutuam, vivem no ar
Os jovens são vitimados
São a presa pra leões
Nesse mundo de meu Deus.

As drogas são como o câncer
Mas com uma diferença
Destroem populações
E nós vamos assistindo
Os jovens se destruindo
Causando desgosto aos pais
Toda a família sofre
Mas nós sofremos também
Porque mesmo assim distantes
Como pessoas comuns
Ver nossos jovens morrendo
Com certeza, dói demais!

38. Explicação

Ah! Se eu pudesse
Mudar o que estou sentindo
Bem no fundo da minha alma
Uma dor que não se acalma
E que só me faz sofrer
Explicar eu não consigo
Esse vazio imenso
Que aflige meu coração

Mas lá no fundo do peito
Eu acho que ainda tem jeito
E essa dor que estou sentindo
Deve ter uma explicação

39. Vazio

Que dor é essa que não passa
Que torna a vida sem graça
E que dói, queimando em mim?
É um vazio tão profundo
E eu tenho medo do mundo
Parecendo que é o fim
Não existe uma explicação
E nem mesmo uma razão
Pra essa coisa tão ruim
Mas eu sei que lá no fundo
Essa dor e o medo do mundo
Tem sim causa e razão
Tenho dores escondidas
Que me causaram feridas
Essa dor tão incontida
Gera em mim a frustração

40. Bem-querer

Sigo em prantos
Te decanto
Me encanto
Por você

Melodia
Irradia
Sinfonia
Bem-querer
Cruzo Montes
Horizontes
Mentalizo
E continuo
Decantando
Bem-querer

41. Miragem

A vida é uma miragem
Ela passa de repente
É como o vento soprando
Pouco a pouco vai passando
E vamos seguindo em frente
É tudo tão passageiro
O tempo é tão ligeiro
Bom mesmo é aproveitar
Leve a vida sossegado
Viva menos preocupado
Afinal, tudo é tão rápido
Para que se preocupar?
Não trouxemos, não levamos
Só Deus conhece teus planos
Aqui tudo é passageiro
Viva a vida devagar.

42. O progresso

Tudo vai se traduzindo
Na paisagem diferente
O homem vai destruindo
E também vai construindo
Um mundo bem diferente
Só sentimos as mudanças
Pela lei da natureza
Ventos fortes
Tempestades
E o homem faz alarde
Sabendo sua proeza
 Ele é o mais culpado
Por essa destruição
O Progresso é necessário
Mas não se pode aceitar
Essa tal situação
É triste ver as queimadas
Destruindo as florestas
Os bichos estão morrendo
A vegetação sofrendo
E o progresso a crescer
Mas sinto, infelizmente
Se não houver um controle
Seres vivos vão morrer.

43. Leveza

Caminho
Sempre leve como a pluma
Ou como a vasta espuma
Que caminha sobre o mar
Leveza
Vou sentindo na minha alma
Meu coração se acalma
E eu caminho devagar
Certeza
É onde eu quero chegar
Passe o tempo que passar
Pois a pressa é inimiga
Não quero que ela me siga
O tempo vai devagar
Levando
Minha vida leve e solta
Mostrando que minha calma
Alivia a minha alma
Sem poder me preocupar

44. Razão

É luz, é sol
Estou só
Precisando de você
É noite
É dia

Mas a minha alegria
Não tem noite
Não tem dia
Que a faça florescer
Mergulho
Vou buscar
Estou tentando encontrar
Antes de escurecer
A paz, o amor
Mas sei que agora estou
Precisando de você

45. Nostalgia

Vivendo em nostalgia
Onde a minha alegria
Se esconde em algum lugar
Vou tentando encontrar
Lá no fundo da minha alma
Onde um vazio se cala
Querendo não responder
Eu busco uma explicação
Ou até mesmo uma razão
Pra nostalgia morrer
É uma sensação ruim
Um escuro tão profundo
Estou saindo do meu mundo
E vivo em solidão
Nostalgia é a razão

Da minha infelicidade
E sinto que sou covarde
Por não poder resolver

46. Nascimento precoce

Foi no lindo mês de maio
Dedicado a Maria
Que Deus nos deu de presente
Uma grande alegria
Nossa menina Cybele
Muito esperta, inteligente
Nossa família agradece
A Deus; a Virgem Maria
Quando foi chegada a hora
Do seu lindo nascimento
Fiquei sem acreditar
Pois ainda não era tempo
Sua mãe a sentir dor
Meu coração disparou
Porque Deus pra nós mandou
Você, como no advento!

Fomos para o hospital
Da cidade de Capela
Pra saber se era hora
De nascer nossa mais bela
Mas eu quase morro tonta
Porque foi na Santa Mônica

Que sua mãe estava pronta
Pra dar luz a nossa bela

E assim, no 03 de maio
Festejamos com alegria
Pois é seu aniversário
Pra nós é um lindo dia
Porque Deus deu de presente
Você , Maria Cybele
Luz linda e resplandecente
Nosso orgulho e alegria

Você é luz que irradia
Quando está perto de nós
Faz mais lindo nossos dias
Titias(os), mamãe, avós
Papai e seu irmãozinho
Que mesmo pequenininho
Já lhe tem muito carinho
Faz feliz a todos nós!

Sempre chamando atenção
Das crianças que convive
Seu carisma é muito grande
Não tem quem não a cative
Pois quando passa na rua
Logo alguma se insinua
Chamando pelo seu nome
Nos deixando bem felizes!

O tempo passou depressa
Agora com 11 anos
Pedimos pra ela sorte
E que Deus trace seus planos
Dando a ela referência
Pra usar a inteligência
Com bondade e sapiência
Por longos e longos e dias

47. Natureza

A maior satisfação
Pra quem gosta de criar
É ver o gado no pasto
Ter filhotes, procriar
A natureza quem faz
O parto na solidão
Ficamos nos perguntando
Como isso é possível?
Mas Deus é a explicação.

48. É dia

É dia
Irradia
Luz do Sol
Céu azul

Ventania
Todo dia
Sintonia
Norte a Sul
Afugenta
Solidão
Dá vazão
pra cantar
Me inspira
Para a vida
Pois é dia
E faz a gente
Melhorar

49. Eu vejo Deus

Nenhum homem nesse mundo
Possui tal capacidade
Quando olho para o mar
Vejo ele transbordar
E na sua imensidão
Nos traz a vitalidade

Nas estrelas vejo Deus
Nas nuvens, na imensidão
Fico aqui tão encantada
Quando passa a revoada
Buscando na natureza
Abrigo para a criação

Impossível para o homem
Criar como Deus criou
Ele tenta imitar
Mas tudo o que ele criar
Podemos ter a certeza
Que foi Deus quem lhe inspirou

Olho serras, olho montes
Olho o verde lá no campo
Vejo animais pastando
Na pele o vento soprando
Vejo Deus em tudo isso
E por certo me encanto

50. Brisa suave

Brisa que bate
Como vento suave
Na minha pele sem dor
Parece orquestra
Que com tom perene
A alma acaricia
E faz com maestria
Som que traduz amor
Brisa leve que passa
Como vento soprando
Minha pele tocando
E bem leve ela segue
E o vento levou

51. Banho

O banho
É o melhor despertador
O remédio para a alma
Pois a água fria acalma
E alivia a tua dor
Nos dá encorajamento
E levanta nosso astral
Água fria é remédio
Que vai curar o seu tédio
E impulsionar pra vida
Nos devolve a moral
Tomar banho é sagrado
Com água fui batizado
Fui ungido, aspergido
Banho exorciza o mal

52. Barco à deriva

Fase difícil
Existe pra qualquer um
Mas é muito complicado
Viver sempre atormentado
Não ter paz momento algum
Vai ficando um vazio
Uma tristeza profunda
Você ora, pede a Deus
Pra que algum momento seu
Seja um barco que não afunda

Olho de dia e de noite
Para o céu sempre a pedir
Mas depois peço perdão
Deve haver uma explicação
E uma luz para seguir
Trazendo muita esperança
E também a confiança
De meu barco emergir

53. Fuga

Mergulho na esperança
De que em um novo dia
Seja bem melhor
E esse vazio
Que me faz tão triste
Segue em meu íntimo
Como um labirinto
E cada vez me sinto
Sempre muito só
A expectativa
 É o meu alimento
Fico perguntando
Onde vou parar
Já são tantos anos
Vivendo em fuga
Talvez ainda me iluda
Que essa sensação
Com o passar do tempo
Ainda mudará

54. Memórias de Capela

Quero narrar aqui para vocês
O que Capela traz de recordação
Tranquilidade e paz, faltavam não
Porque seu povo era hospitaleiro
Receptivo, trabalhador, ordeiro
Onde o respeito aqui prevalecia
E nas calçadas o povo amanhecia
E nem sequer se falava em ladrão

Olha só quanta falta que nos faz
Para essa geração e pra futura
Brincadeiras na infância, eram candura
Que traduziram respeito e limite
Eram todas saudáveis, acreditem
Pena que hoje já não as vemos mais
E com saudade ficaram pra trás
Fazem falta pros pais, não mais existem.

Relembrando aqui nossa cultura
Festa da Cana e dos grandes carnavais
Bailes nos clubes, contam os ancestrais
Que tinha desfile da rainha da cana
Pela cidade, nas ruas em caravana
Representando a cana-de açúcar
Infelizmente, hoje ninguém desfruta
Porque usinas aqui não temos mais

Relembrando o clube **Capelense**
E também o famoso **Paladinos**
Quanta gente cruzou os seus destinos
Lá nos bailes que hoje não há mais
Quando lembro até hoje dói demais
Porque os dois eram pra sociedade
Divisão entre as classes da cidade
Pobres e ricos eram como água com gás

Falo também do famoso **Cenecista**
Que construiu um legado em sua história
Muitos daqui o carregam na memória
Tinha guerreiro, folguedos, pastoril
Lá em Olímpia, esse grupo juvenil
Pela escola, lindo se apresentava
Com maestria, seus alunos dançavam
Se teve igual, em Capela ninguém viu

Quanta lembrança lá na Praça Central
Do meu **Coreto**, abrigo pra poesia
Do bate-papo pra muitos, se chovia
Interessante era escutar o seu eco
Nossa conversa era mesmo repeteco
E dar um grito traduzia emoção
Só para ver a sua reprodução
Espaço de amizade e de muita alegria.

Por que vocês apagaram minha história?
Será que foi por conta da evolução?

Mas se você tivesse me dado atenção
Entenderia que eu não atrapalhava
Aqui em Capela, eu só simbolizava
Os lindos momentos de amizade e vanglória
Que muitos carregam até hoje na memória
E também lá dentro, no fundo do coração

Uma das coisas que todos aqui gostavam
Era o **Cinema do finado Bacelon**
Todos ficavam esperando quando o som
"Os Milionários" tocava, vai começar!
Aquele filme no cartaz a divulgar
Lembro que alunos fugiam do Cenecista
E o diretor Zé Vânio logo os perdia de vista
Mas se ele descobre, a suspensão ia rolar

E a **Vaquejada do tão lembrado Eustáquio**
Que tempo bom que a Baby Som apareceu
Foi nessa época o seu grande apogeu
Todos dançavam ao som do valeu o boi
Era saudável, assim nos conta quem foi
E muitas bandas também lá se destacaram
O Amazam e Magníficos lá cantaram
Infelizmente essa tradição morreu.

Destacando aqui nossa **Estação de Trem**
Que simbolizava um pouco da economia
Muitos de Capela suas viagens faziam
Lá no trem **Colégio**, porque tinha o **Cargueiro**

Que lá no **Guindaste** ele enchia ligeiro
E pegava o rumo para ir descarregar
Mas os passageiros na estação iam encontrar
Seus familiares cheios de muita alegria

Fecho aqui relembrando com saudade
Do nosso **Mercado** que no passado acolheu
Nossos vendedores que arroz, feijão venderam...
E as nossas barracas que eram mesmo tradição
No final dos bailes, para casa iam não
Tinham que beber, comer sarapatel, galinha
Houve quem dormisse até no saco de farinha
Mas também foi palco para o nosso São João.

55. Poema Iasmim

Vinte e um de outubro de dois mil e três
Mamãe sentiu dores, pois chegou a vez
De nascer a estrela por todos esperada.
Todos a mimavam com muita ternura
Como era linda! Quanta formosura
O tempo passou e nem percebemos
Que são quinze anos que segue a estrada

A primeira neta veio pra família
Pra avós, avôs; mais que uma filha
Quanta gratidão devemos a deus!
O tempo passou, assim de repente
Mas pra todos nós, menina inocente

Já são quinze anos de muita alegria
O maior presente, por certo nos deu.

A vovó Marluce e vovô Ademário
A mamãe Andreia e o papai Mário
Os avós paternos Antônio e Marlene
E com as irmãs Lara e Sofhia
Por certo são risos e muita alegria
Família decente, seu grande orgulho
Quando ficam juntos tudo é muito hilário

Doce e meiga como olhar pra lua
Nunca encontrei beleza igual à sua
Quanta ternura tem em seu olhar
Encanta a todos com sua ternura
No seu sorriso encontro a formosura
Iasmim, você traduz muita alegria
 És linda assim, como olhar pro mar.

Lembramos o dia em que você nasceu
Presente mais lindo, provindo de Deus
Quanta emoção pudemos nós sentir.
Outubro foi o mês do nascimento
Da linda flor, como no advento
Todos se encheram de muita alegria
Trazendo luz, fazendo-nos sorrir.

O tempo passa e ninguém percebe
Que em cada ano nossa vida segue

É privilégio poder comemorar.
Que linda data fazer quinze anos
E agora Deus é quem traça seus planos
Nessa nova fase chamada mistérios
Parece até que a vida é sonhar.

Viver pra ti Iasmim, é um encanto
Não tem tristeza, muito menos pranto
E queira Deus que você não se engane
Só tem magia, sonhos e emoções.
Que lindamente enche os corações
De muitos sonhos e de fantasias
Adolescência, fase meio insana.

56. Poesia geração de ouro

Olha que festa arretada
A festa de São João
Tem fogueira, tem quadrilha
Tem churrasco, tem quentão
Tem pamonha, milho assado
Tem forró, xote, xaxado
Coco-de-roda, balão.

Tem aniversariantes
Nesse primeiro semestre
Que vieram bem contentes
Com as mais diversas vestes
Vieram comemorar

Em nosso lindo arraiá
Quem duvidar faça o teste!
E Solange Aureliano!
Que não perde nem pro trem
Se chamar ela pra festa
Com certeza ela vem!
Nasceu em 3 de janeiro
Com o marido festeiro
Ela vai perder pra quem?

Quem gosta de festa é ela!
Pra viver e pra curtir
Nossa amiga Quitéria
Veio pra se divertir
Nasceu em 3 de janeiro
Seu clima é bem festeiro
Ela está presente aqui

Temos Maria José
Nossa mestra hospitaleira
Que durante seu trabalho
Sempre foi uma guerreira
Nasceu em 7 do um
Gosta de tomar um rum
Eita, que mulher festeira!

Quem nasceu em 2 de fevereiro
Foi dona Ciça Medeiros
Quando ela vem pra festa

É pra esquentar o terreiro
Olhe como a bixa bebe!
Se tem alguém mais alegre
Desconheço, cavalheiro!

Quem nasceu em três de março
Nossa amiga Aparecida
Nunca vi outra igual
Ela é bem descontraída
Acha que o tempo passa
E que a vida só tem graça
Quando é muito divertida

No dia 12 de março
Nossa amiga Zeza nasceu
Quem não gosta de forró
Para ela já perdeu
É feliz e divertida
Gosta de curtir a vida
Sorridente, benza deus!

Nossa amiga Heliodalva
Ô mulher irreverente!
Nasceu em 18 de março
Nunca vi tão diferente
Pode haver o que houver
Segue em frente com a fé
Alegre e sempre contente

Nossa linda cangaceira
Vem aí Tamara Lucena
Se é pra viver feliz
Quando não dá, ela encena!
Nasceu 24 de abril
Ela nunca desistiu
Diz que a vida vale a pena!

Em 29 de abril
Nasceu a nossa fofinha
Luiza irreverente
Não gosta de estar sozinha
Sempre muito animada
Eita, mulher arretada!
Que anima qualquer festinha.

Aparecida Aciole
Diz que não é mole não!
Nasceu em 4 de maio
Gosta muito de São João
Ela parece quietinha
Mas é muito danadinha
Não confie nela não

Nasceu em 15 de maio
Nossa amiga Cátia Braz
Alegria em nossa festa
Não falta, pois ela traz
É alegre, é animada

Não gosta de ser podada
Tristeza ficou pra trás

E assim eu decantei
As aniversariantes
Que no primeiro semestre
Estão seguindo a diante
Venho aqui pedir a Deus
Que cuide dos filhos seus
Pra que a vida siga avante.

Eu já falei foi demais
Vim aqui dançar forró
E animar o São João
E molhar o meu gogó
Com cerveja bem gelada
Quero todas animadas
Não gosto de ficar só.

57. O Amanhã a Deus pertence

Mais um ano renasce: 2020. E com ele a esperança de alcançarmos tudo o que não foi conquistado no ano anterior. Para muitos de nós essa tradição era uma rotina, sempre carregada de muita energia positiva. O que não deu certo poderá dar agora! Essa expressão dita ou pensada por muitos, de repente é interrompida, paralisada por uma epidemia causada por um vírus. Já convivemos com vários vírus, é verdade! O vírus da corrupção, da violência, da injustiça, da intolerância; enfim, porém nenhum deles nos distanciou tanto de quem amamos ou do que amamos: nossa família, amigos, trabalho, lazer.

Tudo parecia tão comum que às vezes nem dávamos o devido valor. Nunca imaginamos que esse "tudo" iria fazer tanta falta. O desejo de termos nossa vida de volta é inegável! Entretanto, acredito que nada será igual, pois aprendemos a nos reinventar. As redes sociais, nesse novo mundo. com certeza encurtou a distância das pessoas que mais amamos, assim como também do nosso trabalho, dos nossos alunos, professores, amigos. Encurtou até as nossas limitações em seu uso. Aprendemos a realizar coisas até então anônimas nas redes sociais. Mas aprendemos também a conviver com o suficiente e dispensar o supérfluo. Nem sabíamos que sobreviveríamos sem tantas coisas que até então considerávamos indispensáveis. Nós nos tornamos mais frágeis diante da situação ocasionada por essa pandemia. O medo tomou conta de nós, independentemente de cor, raça, sexo, condições financeiras. Hoje vivemos no mundo dos iguais. Tudo paralisou! Inclusive nós. Mas também nos tornamos iguais na esperança de que esse mal que assola o mundo possa ir embora de forma tão inesperada assim como veio. Que aprendamos a lição! O amor e a fé são os antídotos que podem combater qualquer mal. Mas Deus é quem nos faz acreditar que nada é para sempre!

Professora Aparecida

CAPÍTULO VI
MINHAS PARÓDIAS

SUMÁRIO

1. Paródia: versão: *Anjos de Deus* (padre Marcelo Rossi) 139
2. Versão: *Deixa eu dizer que te amo* (Zezé Di Camargo e Luciano) 139
3. Versão: *Brincadeira de criança* 141
4. Versão: *Saga de um vaqueiro* (Catuaba com amendoim) 141
5. Versão: *24 horas por dia* (Ludmila) 143
6. Versão: *Poeira* (Ivete Sangalo) 144
7. Versão: *Beijinho no ombro* 145
8. Versão: pare (Zezé Di Camargo e Luciano) 146

1. Paródia: versão: *Anjos de Deus* (padre Marcelo Rossi)

Se você escutar um barulho perto de você
É o mosquito da dengue querendo morder
Tome muito cuidado! Preste atenção!
Vamos combater criadouros para nos defender
Ensinar nosso vizinho o que devemos fazer
Para não se propagar essa tal maldição.

Tem Aedes aegypt em todo lugar
No meio do povo querendo picar
Ele é bem perigoso! Preste muita atenção!
Não sei se o mosquito sumiu ou desapareceu
Só sei que o cuidado é meu! E é seu!
Por isso precisamos nos unir!

2. Versão: *Deixa eu dizer que te amo* (Zezé Di Camargo e Luciano)

Deixa eu te amar, natureza
Deixa eu gostar de você
Estás clamando, pedindo socorro
Vamos juntos proteger

Porque teu verde é tão belo
E precisamos preservar
Dizer para o homem

Que nas derrubadas
É preciso reflorestar

Pois sabemos que é ruim
E sem você é o fim
Dos nossos bichos da fauna
Dos gases que geram o ar
Precisamos respirar
E a vida preservar

Pra ter um mundo azul
Pra ter um mundo azul...

Queremos te amar natureza
Queremos cuidar de você
Plantado uma árvore
E reflorestando
Para nosso verde crescer

Nossos rios estão sumindo
Porque precisam de você
As nossas nascentes
Estão descobertas
E o teu verde vai proteger

Não queremos esse fim
E sabemos que é ruim
Sem elementos vitais
Água, verde, terra e ar

Precisamos respirar
E o planeta preservar

Pra ter um mundo azul
Pra ter um mundo azul...

3. Versão: *Brincadeira de criança*

Melhor fase é ser criança
Como é bom! Como é bom!
Tudo é mágico, é esperança
Como é bom! Como é bom!
É alegria e esperança
Como é bom! Como é bom!
Criança é o futuro da nação (bis)
Sapeca? É!
Moleca? É!
Travessa? É
Criança é o futuro da nação!

4. Versão: *Saga de um vaqueiro* (Catuaba com amendoim)

Vou pedir licença
Pra contar essa história
Graciliano Ramos ficou em nossa memória
Mesmo sendo pobre
Alagoano e nordestino

Tornou-se um escritor
E famoso esse menino.

Desde cedo gostou da educação
Na sala de aula
Despontou como escrivão
Graciliano sempre foi batalhador
Contra a violência
Em sua casa ele lutou. Oh, oh, oh, oh

Foi o primogênito
E com os irmãos ele crescia
Em Buíque, Pernambuco
Com a seca convivia
Senti que foi naquele clima
E linda vista
Que um grande escritor
Surgia em nossa vida.

Foi aí que começou o seu dilema
E começou a escrever obras pequenas
Em cada obra publicada, aparecia
E o leitor: todo prosa aplaudia!

Mas no Estado Novo
Ele foi muito injustiçado
Foi perseguido
Na era Vargas foi marcado
Seus planos não contavam

Passar por tal situação
Jamais ele aceitou
A sua deportação
A tristeza abalou seu coração
Em um navio foi em um porão
Foi levado pro Rio de Janeiro
Conviveu com a dor
De homens injusticeiros. Oh, oh, oh, oh

5. Versão: *24 horas por dia* (Ludmila)

Jorge amado

Eu vim aqui pra te dizer
O que Jorge Amado fazia
Fala pra mim, diga pra mim
Jorge Amado escrevia
Fala pra mim, diga pra mim
Jorge Amado escrevia
Fala pra mim, diga pra mim
Fala pra mim, diga pra mim

Jorge foi um nobre homem
Muita gente não o conhece
Ele foi um grande escritor
Nosso destaque ele merece.

No estado da Bahia nasceu nosso Jorge Amado
Município de Itabuna, no sul daquele estado
Colégio Antônio Vieira, Jorge Amado estudou
E na vida literária

Jorge Amado ingressou

Primeiro romance, que foi publicado
País do carnaval foi bem destacado
Pro país da Argentina, teve que ser exilado.

Ao voltar para o Brasil ele morreu em Salvador
O Brasil tem o legado das obras que publicou

Eu vim aqui pra te dizer
O que Jorge Amado fazia
Fala pra mim, diga pra mim
Jorge Amado escrevia
Fala pra mim, diga pra mim
Jorge Amado escrevia
Fala pra mim, diga pra mim
Fala pra mim, diga pra mim

6. Versão: *Poeira* (Ivete Sangalo)

A minha sorte grande
Foi ter muito educação
E ver que não é brincadeira
Tenha educação
Não jogue lixo no chão
Pois causa uma grande sujeira

Pois isso é proibido
Ouça agora o que eu digo
É proibido, sim

Vamos ter mais cuidado
E ser mais educados
Ao lixo dando fim

Pegou bote num saco
E deixe num espaço
O lixo não é brincadeira
Espere o caminhão
Que leva pro lixão
Pois essa é a melhor maneira

Sujeira, não
Sujeira, não
Sujeira... O lixo é sujeira

7.   Versão: *Beijinho no ombro*

(Educação sexual na escola e a intervenção psicopedagógica)
A intervenção escolar junto à família
É algo que precisa muito ainda melhorar
Porque a escola necessita dessa ajuda
Pra que o trabalho possa assim, então, frutificar.

Educação sexual lá na escola
Junto à família só nos traz muita contradição
Porque são muitas as barreiras encontradas
O que impede, muitas vezes, sua implantação.
Pois esse tema trabalhar é complicado
Junto à família, pra que a escola cumpra sua função

E dessa forma o trabalho é dificultado
Porque os pais não apresentam assim, compreensão.

É nesse caso que o psicopedagogo
Entra em cena com seu dom e sua formação
Junto à família na escola realizando
Muitas palestras pra trazer, assim, informação.

Sobre o problema da sexualidade
Que muitos pais não acreditam e não confiam, não
Acham que o tema trabalhado na escola
É coisa feia e que não deve ser ensinado, não.

8. Versão: pare
(Zezé Di Camargo e Luciano)

Pare! Com essa tal violência que causa mal à nossa vida
Pare! Pra enxergar as crianças que vivem sem ter a comida
E descubra então um mundo novo
Rodeado de paz e emoção
Então pare! E descubra no outro um irmão.

Se ligo a televisão vejo todos os dias
Pessoas se matando e guerras que fazem sofrer
Então eu fico a procurar motivos de alegria
Motivos que incentivem a gente a sobreviver
Se todo o povo se amasse o mundo mudaria
Mas sinto que a ambição corrompe e não faz ver
Que Deus criou um mundo lindo e deu de presente

E nele plantou sementes
Pra gente sobreviver.
Quem tem amor
Não faz assim
Procura sempre preservar o que ele criou.
Quem tem amor
Tem que entender
Que o mundo é nosso, vamos juntos aprender.
Pare!

REFERÊNCIAS

BENJAMIN, Walter. *Obras escolhidas*. Magia e técnica, arte e política. 7. ed. São Paulo: Brasiliense, 1994.

POPKIN, Jeremy D. *History, Historians, and Autobiography*. Chicago: University of Chicago, 2005.